L'Appel de l'Inde – Carnet de voyage autobiographique

L'Appel de l'Inde

L'Appel de l'Inde

Sandrine CHAMRION

© 2023 Sandrine Chamrion

Édition : BoD • Books on Demand GmbH, In de Tarpen 42, 22848 Norderstedt (Allemagne)
Impression : Libri Plureos GmbH, Friedensallee 273, 22763 Hamburg (Allemagne)

Crédit Photos :SandrineChamrion

Photodecouverture: ShivadansleOld Ashram,Bangalore

ISBN : 978-2-3225-5564-2
Dépôt légal : Mars 2023

L'Appel de L'Inde

Dans le Old Ashram, Bangalore 2022

Je remercie ma fille Agathe,
Qui fut ma première lectrice
Et qui me donna son avis
le plus objectivement
possible. Merci de m'avoir aidée pour
La première correction de ce
« carnet de voyage »

Je remercie mon mari Stéphane, qui fut mon
deuxième lecteur et qui m'apporta un nouveau
regard quant à ce récit autobiographique. Cela m'a
permis d'approfondir, comprendre et libérer mes
différentes émotions

Introduction

Lorsque j'étais petite, j'avais un doudou... comme beaucoup d'enfants ! Mon doudou, ou plutôt mes doudous, s'appelait « koss-koss », c'était un petit foulard indien carré, en soie, toujours bleu ou gris pâle. Ma mère me le lavait tous les lundis, et quand je revenais de l'école le soir, je me précipitais dans ma chambre pour le reprendre et le marquer à nouveau de mon odeur. A force de lavages, ce petit bout de tissu finissait toujours en une boule formée de multiples nœuds. Il fallait alors le changer, et à l'époque, une amie de ma mère en vendait sur les marchés, mon vieux koss-koss était vite remplacé par un tout neuf, tout beau. Je retrouvais alors toute la douceur, la grandeur de ce foulard, mais surtout cette odeur si particulière de tissu indien.

En grandissant, en vieillissant, je m'aperçois que l'Inde, ce si grand pays lointain, mystérieux, et aussi mystique, m'a toujours accompagné, par petites touches quelques fois, comme mon rituel de mettre de l'encens dans ma chambre dès ma pré-adolescence, par l'offre de ma tante d'un livre comme cadeau de Noël, à mes 13 ans, dont l'histoire était basée en Inde, ou par touches plus régulières, comme ces grandes jupes longues que j'adorais et que j'adore toujours porter (elles étaient les seules jupes que je tolérais porter pendant mon adolescence perturbée et teintée de noir côté vestimentaire), par ces chaînes de cheville que je porte depuis plus de 40 ans, par ce parfum de patchouli que je mets depuis des années, ou bien encore par l'attirance pour les musiques comme les « raga », qui m'ont apaisées à maintes reprises, avec les sons de sitar si envoûtants.

<u>Mon enfance</u>

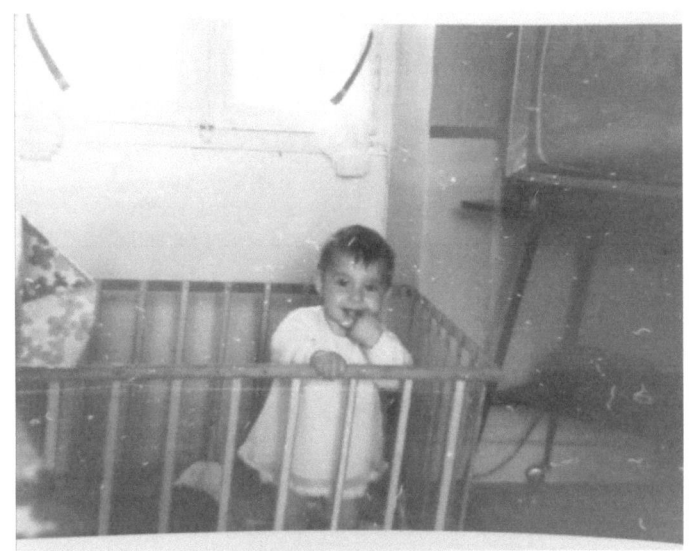

J'avais 9 mois

Je me souviens de moi petite comme d'une enfant effacée, désirant se faire oublier le plus possible, souffrant d'une timidité maladive extrême... pourtant avec un caractère bien trempé et rebelle, quel paradoxe.

Mes souvenirs sont mêlés d'insouciance, d'angoisses et de grand stress. J'ai vécu de merveilleuses vacances dans un endroit magique, sauvage, libre, où tout devenait possible. Ce lieu se situe dans le Finistère nord, au bord de la mer. Même maintenant, Ménéham, lieu-dit de Kerlouan, est resté rude, avec son décor chaotique d'amas de rochers sur terre ou en pleine mer, offrant un parc de jeu naturel extraordinaire. Le vent peut y souffler à nous faire presque vaciller, mais nous revigore et nous fait nous sentir tellement vivant. La mer, si limpide, transparente l'été, avec son sable fin, blanc, nous saisit par sa fraîcheur... Petite, j'étais la première à l'eau, sans hésitation, j'étais téméraire, j'avais une telle confiance en moi dans ce lieu si magique.

Ces périodes de vacances étaient réellement ma bouffée d'oxygène, je pouvais vivre sans pression, sans peurs, en toute légèreté, libre comme l'air. Le reste de l'année était plus terne, la routine de l'école et de la maison familiale était moins captivante. A l'école, j'étais une très bonne élève, pourtant je me sentais souvent incapable de réussir, je manquais de confiance en moi, j'étais toujours en retrait, avec une panique incontrôlable lorsque mes instituteurs ou institutrices me mettaient en avant ou m'interrogeaient oralement. Mon instituteur de CP avait d'ailleurs convoqué mes deux parents, leur demandant ce qu'il se passait chez moi pour que je sois si renfermée. Je me souviens comme j'avais été reconnaissante envers mon maître d'école, il s'occupait de moi, je comptais pour quelqu'un. Malheureusement, cette démarche n'a pas eu de suite, mes parents répondant simplement que j'étais pareille au sein de la maison.

Effectivement, j'étais la même petite fille effacée chez moi, je n'arrivais pas à trouver ma place, j'avais toujours peur de mal faire, et dès que je le pouvais, je me réfugiais dans ma chambre, dans laquelle je me sentais en sécurité, enfin moi-même. Je jouais seule, avec mes poupées, je me créais des cabanes dans mon placard, je passais des heures à lire lorsque j'étais en primaire et au collège, m'imaginant capable de surmonter mes angoisses et ma timidité, sans en avoir jamais eu le courage.

En grandissant, surtout à l'arrivée de l'adolescence, ma rébellion enfouie tout au long de ces années s'est accentuée et a commencé à émerger, avec un look vestimentaire et capillaire, style un peu « punk » pouvant choquer. J'étais à fleur de peau, surtout vers 15/16 ans, j'écoutais les Sex Pistols, The Clash, les Porte-Mentaux, les Négresses Vertes, etc… C'était un moyen pour moi de me protéger tout en essayant de m'affirmer. Je me suis toujours sentie en dehors des « normes » de la société, même encore maintenant, mais aujourd'hui, je l'assume complètement, alors que pendant mon enfance et mon adolescence, ce fut extrêmement difficile.

*

J'ai grandi avec des émotions tellement fluctuantes, selon les vagues émotionnelles de mes propres parents. Un coup je me sentais aimée, un coup rejetée. Je n'ai pas de souvenirs de moments tendres partagés avec mes parents ou ma sœur, les câlins, les marques de gratitudes, ou même des petits mots affectueux étaient inexistants. Les marques d'affections se manifestaient lorsque ma mère acceptait de me faire plaisir en m'achetant un jeu ou un petit objet que je désirais.

Mes parents étaient assez stricts et rigides, chacun à leur manière.

Ma mère avait du mal à me supporter, me répétant régulièrement que je devais prendre exemple sur ma grande sœur, qui elle, était posée, mûre, agréable. Ma mère m'a avoué lorsque j'avais 16 ans qu'elle avait fait de la différence entre nous deux. Pourquoi ? Je n'en ai aucune idée, j'ai même cru à 8 ans que mes parents m'avaient adoptée, ne correspondant pas à leurs désirs et étant si différente d'eux.

Mon père, lui, voulait montrer à tout prix son autorité, il fallait se taire à table, ne pas lui répondre, et surtout, ne pas le contredire.

La rupture avec mon père a véritablement commencé l'été de mes 11 ans. Mes parents parlaient de divorce, avec quelques scènes de violence les nuits, nous étions réveillées en sursaut par des cris, des hurlements, des coups. Un soir, après que mon père ait fait le tour des voisins pour relater ses problèmes de couple, il est venu me voir dans ma chambre et m'a alors annoncé qu'il voulait partir rejoindre son cousin qui vivait à Tahiti. Mon père a eu des paroles qui sont restées gravées à jamais, en me disant qu'il ne reviendrait pas, qu'il allait nous abandonner. Du haut de mes 11 ans, je lui en ai immédiatement voulu, il voulait partir, qu'il le fasse vraiment, je ne souhaitais qu'une chose, qu'il disparaisse pour toujours de ma vie.

Avant et après cet épisode marquant, je subissais également ses moqueries : « elle est bizarre, elle ! », « tu n'arrives à rien ! », « t'es qu'une ratée, tu vas finir au chômage », « t'es une putain ! ».

Cette dernière humiliation m'a fait sortir de mes gonds. J'avais 17 ans, seulement mon premier copain depuis quelques mois, flirt tout innocent, je n'ai alors pas accepté qu'il me traite de la sorte. J'ai hurlé sur mon père pour la première fois de ma vie tout en gardant le contrôle de mes paroles, j'ai vu que je l'avais atteint, ma mère m'a dit par la suite qu'elle ne m'avait jamais vue comme ça, aussi déterminée et sûre de moi. Ce jour-là, j'ai pris la décision de ne plus jamais me laisser faire, que mes parents ne pouvaient plus me toucher autant, je voulais enfin vivre pour moi, me détacher de leurs humeurs si changeantes et de leurs reproches incessants.

J'ai vécu seule à partir de cette période également, mes parents, travaillant en Vendée, ne revenaient que les week-ends. J'ai de très bons souvenirs de cette première phase de liberté, elle m'a permis de savoir me débrouiller, comme trouver de l'argent pour pouvoir manger à ma faim, l'assistante sociale du lycée m'étant d'une grande aide à l'époque. Et que dire du CPE, Mr Roudaud, cet homme m'a littéralement remis sur les rails en me convoquant, m'écoutant et me disant cette petite phrase qui a tout changé pour la suite de ma scolarité : « c'est pour ton père ou pour toi que tu travailles ? Fais-toi confiance ». A la suite de cet entretien, j'ai réussi à avoir mon Bac et être admise sur liste principale pour le BTS, que j'ai obtenu avec de très bons résultats.

Avec le temps, le recul, je me suis aperçue que je me suis libérée de mon image négative avec beaucoup de mal, mais une remarque de mon médecin traitant m'y a aidé, à l'âge de 29 ans. J'étais alors enceinte de mon 2ème enfant et un jour de rendez-vous médical, j'ai craqué… Mon médecin m'a alors demandé ce qui se passait, je lui ai expliqué que mon père m'avait à nouveau crié dessus, humiliée. La réponse de mon cher médecin, que j'appelais « papa » lorsque j'étais petite, fut : « c'est vrai que tu n'as pas des parents faciles, toi ». J'ai eu une telle prise de conscience rien qu'avec cette déclaration, je me suis rendue compte que je n'étais pas forcément la petite fille ou la femme mauvaise que je pensais être, ce fut une première véritable libération.

*

Je n'ai qu'une sœur, je rêvais d'avoir un frère, plus petit que moi, je rêvais en fait d'avoir quelqu'un avec qui jouer.

Ma sœur... Nous n'avons jamais été proches, pourtant j'essayais de la suivre pour jouer avec elle mais elle me rejetait sans cesse. Nous avons trois ans de différence, elle est l'aînée, j'avais l'impression de n'être qu'une toute petite fille inintéressante à ses yeux.

J'ai donc appris à jouer seule à la maison, sagement dans ma chambre, sans faire trop de bruit, pour ne pas déranger. Mes seuls moments de jeux avec mon copain Jérôme et ma copine Sophie, qui étaient des voisins et des camarades de classe, étaient le mercredi après-midi, en dehors de la maison car ma mère ne voulait pas de bruit. Comme elle travaillait sur les marchés les matins, elle souhaitait se reposer les après-midis.

A l'adolescence, ma sœur me disait sans cesse que j'étais grosse. J'avais simplement des formes un peu généreuses, mais loin d'être grosse, 1,68 m pour 52 kilos. J'ai eu du mal à accepter ce corps, je me voyais effectivement grosse, à force de me l'entendre répéter, j'y ai cru. Lorsque je regarde les photos de cette époque, je me dis souvent que j'avais tout pour être fière de moi, je suis passée à côté.

Lorsque nous étions adultes, ma sœur m'a avoué qu'elle avait été jalouse de moi car j'étais très bonne élève sans avoir à travailler, alors que pour elle c'était plus compliqué. Ce jour-là, j'ai compris que toutes les blessures que ma sœur m'avait infligées n'étaient certainement dues qu'à une certaine rivalité, alors que, de mon côté, je recherchais juste à être acceptée…

*

Ces expériences m'ont façonnée, de ma timidité est ressortie une rage, une colère, que je n'aimais absolument pas mais qui me permettait de vivre sans sombrer, je me suis forgée une vraie carapace difficile à casser.

J'ai aujourd'hui conscience que pendant toutes ces années, il m'a été plus facile de me retrancher dans la solitude pour me protéger. Je reproduis toujours ce même schéma lorsque j'ai des difficultés, ou lorsque l'on m'agresse. J'accepte dorénavant ce trait de mon caractère, en y ayant apporté une petite variante très importante, je n'explose plus ensuite par la violence ou l'agressivité, même s'il m'arrive encore de réagir trop impulsivement. Le travail personnel effectué depuis quelques années maintenant, avec notamment la gestion de mes émotions, a commencé à porter ses fruits, et ma plus grande fierté fut en Inde, au tout début de mon voyage, lorsqu'une co-voyageuse s'en est prise directement à moi.

Ma vie de femme

Ascension du Puy Mary en Auvergne

A partir de 17 ans, j'ai donc vécu seule dans la maison familiale. Cette émancipation a permis d'atténuer les tensions qui existaient avec mes parents.

J'ai continué le lycée, passé mon Bac et mon BTS, et l'été je travaillais sur les marchés, je vendais des fruits et légumes, j'étais appréciée de mes patrons, trois frères, et aussi des clients. Les marchés étaient un lieu fantastique, j'y ai traîné mes petits pieds dès l'âge de 5 ans, j'y ai eu ma première patronne à 12 ans. Je me suis vraiment épanouie dans ce milieu, mon esprit indépendant a pu ressurgir. Le respect que mes différents patrons m'ont accordé m'a permis de reprendre un peu confiance en moi, de redevenir une personne avec des valeurs fortes, je pouvais enfin me sentir libérée, je commençais à croire en mes capacités.

*

Lorsque je passais les épreuves pour mon BTS, je travaillais en même temps en tant que réceptionniste dans l'hôtellerie, travail que j'ai continué toute la saison estivale. Je travaillais plus de 45 heures par semaine, avec seulement un jour et demi de repos hebdomadaire.

Un midi, il était prévu que je déjeune avec ma mère, étant peu présente, j'attendais cette occasion avec impatience. Mais ce déjeuner fut un moment bien désagréable, moi qui en attendais un instant mère/fille. Je me suis retrouvée en face de ma mère énervée, en colère, je n'ai eu que des reproches et des ordres, ma mère exigeant que je range ma chambre au plus vite… Je me suis sentie comme une petite fille, c'en était trop pour moi, ce fut le ras-le-bol de trop, j'ai alors pris la décision de quitter la maison familiale sur un coup de tête. J'avais 22 ans, j'ai effectivement rangé ma chambre très rapidement, apportant toutes mes affaires chez mon petit ami chez qui j'ai emménagé dès le lendemain.

L'année suivante, je suis partie en région parisienne et pendant cet « exil », les relations avec ma mère se sont nettement améliorées, nous nous téléphonions toutes les semaines.

De retour dans ma région d'origine, je me suis aperçue qu'il était plus facile de vivre éloignée de mes parents, les tensions et frustrations revenaient malheureusement rapidement lorsque nous nous voyions trop souvent.

*

A 25 ans, j'ai rencontré l'homme qui allait devenir mon mari. Nous avons rapidement décidé d'avoir notre premier enfant, notre deuxième est arrivé trois ans plus tard, je me sentais vraiment épanouie et à ma place.

Toutes ces années, je me suis exclusivement concentrée à m'occuper de ma famille, de tout faire pour eux, d'être une maman et épouse dévouée, en leur apportant le mieux de ce que je pouvais leur offrir. J'étais très protectrice car j'avais cette hantise de me comporter comme mes parents, cette peur de reproduire le même schéma était omniprésente.

*

Lorsque mes enfants avaient 14 et 11 ans, après une reconversion professionnelle, je suis devenue famille d'accueil dans la protection de l'enfance et je le suis toujours encore actuellement.

Le temps est passé et au fil des années, je me suis aperçue que je me consacrais exclusivement aux autres, sans réellement penser à moi, m'écouter, prendre soin de moi. J'avais tellement voulu bien faire que je m'étais oubliée.

L'arrivée du yoga dans ma vie

Mon premier Ganesh

Souffrant de douleurs diverses et variées, subissant de nombreuses interventions chirurgicales, j'ai pris conscience qu'il était urgent de prendre enfin soin de moi. Lorsque l'on refuse de s'écouter, le corps le fait à notre place.

J'ai fouillé pendant des jours, des semaines, pour trouver ce qui pourrait me convenir, j'étais attirée par les sports asiatiques depuis toute petite, comme le Kung Fu, mais vu mon état de santé, cette activité ne m'était pas vraiment conseillée. En cherchant plus précisément comment réduire les douleurs de dos, j'ai découvert des postures de yoga, alors que le yoga n'était pas à la mode comme maintenant.

Vers l'âge de 37 ans, j'ai imprimé mes petites feuilles d'asanas, sans en connaître ni le mot, ni la manière de les aborder. Avec mes enfants, nous avons essayé de « pratiquer », dans la cuisine, sur une énorme couverture, en se tordant pour se positionner, tellement maladroitement que nous en avons bien ri !

Je me suis énormément documentée, étant persuadée que j'avais mis le doigt sur quelque chose d'extraordinaire. J'ai découvert les premiers abords de la philosophie de yoga, mais aussi les dieux tels que Shiva, Ganesh, Vishnou. Ce monde s'ouvrait à moi, telle une boîte de Pandore, avec une attirance que je n'avais jamais connue auparavant.

*

Mes premiers cours de yoga m'ont tout de suite plu. Je découvrais la salutation au soleil, la posture de l'arbre « Vrikshasana », que j'arrivais à faire avec une facilité déconcertante alors que je n'avais jamais pratiqué aucun sport auparavant. Cela m'a rassuré pour la suite, j'arrivais à me lâcher facilement dans cette discipline.

J'ai ensuite changé de professeur, souhaitant approfondir ma pratique. Le désir de partir en Inde, berceau du yoga, commençait vraiment à se faire sentir. Mais à cette période, ce n'était qu'un rêve inaccessible : j'avais 40 ans, nos salaires insuffisants, avec des charges trop élevées, notamment les études de nos enfants à prévoir…

Je ne comprenais pas mon attirance pour ce pays, si vaste, si « exotique », si… effrayant ! Voici un autre paradoxe, comment peut-on être attiré par un pays si différent, sans le connaître ? Comment peut-on vouloir aller visiter un pays où les droits de la femme sont tellement bafoués, moi qui suis tant éprise de liberté, ne supportant pas le patriarcat, ni même la moindre autorité ? Comment pouvais-je vouloir aller dans un pays où il existe autant d'injustices entre les peuples, avec les castes, les enfants qui travaillent, alors que je me révolte dès que les droits des enfants que j'accueille dans la protection de l'enfance sont piétinés, non respectés ?

*

Cette idée de voyage a germé pendant de nombreuses années. Au départ, ce fut surtout un but inaccessible, tel un fantasme, ne me sentant pas l'audace ou l'aplomb pour envisager d'y aller réellement.

Les années ont passé, ma pratique de yoga est devenue régulière, je sentais un véritable besoin d'accomplir les asanas. En parallèle, je me sentais de plus en plus étouffée dans mon rôle de mère et de femme après tant d'années à y consacrer tout mon temps, toute mon énergie, je me suis sentie à nouveau enfermée, sans libertés. Mes enfants grandissaient, je me pliais toujours en quatre pour leur apporter tout ce dont ils souhaitaient, parfois au risque de provoquer des difficultés dans mon couple car je cédais trop facilement, toujours à cause de cette peur de répéter l'éducation stricte de mes parents.

*

En parallèle, les réseaux sociaux se sont développés, j'ai découvert et suivi une personne qui offrait des voyages en Inde régulièrement. Ces voyages proposaient un stage de yoga, la découverte de lieux extraordinaires, la rencontre avec des autochtones, c'était le voyage de rêve ! Je me disais à l'époque que si je devais partir, ce serait avec Anaïs[1], cette française qui vivait en Inde depuis quelques années et proposait ces merveilleux voyages. Je l'enviais beaucoup, elle avait eu l'audace de partir vivre en Inde, elle avait eu ce cran qui m'a toujours manqué par peur de l'échec.

---

[1] Tous les prénoms ont été volontairement modifiés, sauf les prénoms indiens.

Décision

A Ménéham, Kerlouan (29)

Malgré le fait d'essayer de prendre plus soin de moi, mes problèmes de santé ne me lâchaient pas. Entre 2015 et 2016, j'ai subi 3 interventions chirurgicales, dont une très lourde, j'ai aussi passé mon diplôme d'Etat d'assistant familial, après 18 mois de formation continue. Cette période fut très stressante, j'étais à nouveau à bout de nerfs… J'avais 45 ans, je cherchais à comprendre le but de ma vie, j'avais l'impression de toujours subir, ne pas être maîtresse de mes choix, d'avancer telle une automate…

Mon idée de voyager en Inde continuait d'occuper mon esprit, j'en parlais d'ailleurs très souvent. J'ai essayé de persuader mon mari d'y aller tous les deux, mais j'ai eu un refus net et sans appel, ce pays ne l'intéressant absolument pas, de plus le voyage que je souhaitais faire comprenait du yoga, ce qui était complètement rédhibitoire pour lui.

La petite enfant timide que j'étais refaisait alors surface dans ce genre de situation, il ne m'était pas envisageable de pouvoir m'émanciper et partir seule. Je me suis à nouveau sentie bloquée, impuissante.

*

Le lundi 24 novembre 2019, je me suis réveillée avec une sérénité déconcertante, tellement rare à cette époque pour moi. Au petit-déjeuner, très sûre de moi, j'ai annoncé à mon mari : « Je pars en Inde. Je vais mettre de l'argent de côté, et dès que je peux, je pars ».

Cette prise de décision m'a rendue très légère, j'avais enfin franchi le pas d'accéder à mon rêve. Je me sentais prête à partir seule, à chercher ce petit truc qui me manquait, à enfin prendre ma vie en main, sans que quiconque ne décide pour moi.

J'attendais tellement de ce voyage. Pour moi, il représentait un changement personnel, j'allais grâce à lui pouvoir m'assagir, me ressourcer, trouver mon moi profond, me libérer. Cette idée me remplissait de joie, me rendait plus légère.

J'ai donc commencé à économiser doucement, avec comme objectif de pouvoir partir pour mes 50 ans, en février 2021. J'ai commencé à préparer de plus en plus souvent des plats indiens, en y ajoutant quelques fois un peu de piment, dans le but de m'adapter à la cuisine indienne. La mise en route de mon voyage était lancée, l'aventure commençait déjà !

*

Le travail intérieur avait lui aussi, malgré tout, déjà commencé, mais je pensais réellement l'accentuer en Inde.

Cependant, comme souvent quand on prévoit un grand événement, tout ne s'est pas déroulé comme prévu… L'arrivée du Covid-19 a conduit au premier confinement en mars 2020, quelques mois seulement après ma décision de partir, tous les voyages étaient alors annulés, sans vision proche de pouvoir y accéder.

Pourtant, je demeurais sereine quant à mon projet. Je continuais tranquillement à approvisionner ma petite cagnotte, aidée par mon mari qui m'avait offert la moitié du voyage pour mon anniversaire en février, il avait compris l'importance de ce voyage à mes yeux. Mon rendez-vous pour l'établissement du passeport ayant été annulé dans ma ville, je me suis rendue dans le département voisin, où j'ai réussi à obtenir mon passeport dans un délai normal de trois semaines. Tout se déroulait tranquillement, il ne me manquait plus que la date officielle du départ.

J'attendais impatiemment cette année 2021, qui, je l'espérais, allait être pour moi une année formidable. L'approche de cette année fatidique me fit comprendre que je ne pourrais pas fêter mon anniversaire en Inde comme je l'avais prévu, les voyages en Inde n'étant pas encore ouverts pour les touristes. Etonnamment, cela ne m'a pas beaucoup affecté, j'ai tout simplement pensé que ça n'était peut-être pas le bon moment pour moi de partir. Je commençais à acquérir une petite sagesse. De plus, ayant encore subi une opération chirurgicale en 2020, dont j'ai eu beaucoup de mal en me remettre, cela me laissait du temps pour prendre soin de moi et guérir au mieux.

*

Cette année qui devait être extraordinaire fut tout le contraire… Le petit garçon que j'accueillais en tant qu'assistante familiale, Carl, s'est fait opérer du cœur car il souffrait d'une cardiopathie très sévère, avec une angoisse permanente chaque matin avant son opération, de le retrouver mort dans son lit tellement il cyanosait. Des problèmes familiaux ont aussi terni cette année tant attendue, problèmes dont je n'aurais jamais soupçonné devoir faire face un jour. J'ai dû surmonter de terribles épreuves, mon esprit étant totalement perdu, anéanti. Mon corps n'allait pas mieux, les séquelles de ma dernière opération chirurgicale étaient encore bien présentes. Le moral était bien souvent au plus bas.

*

Pendant cette période douloureuse, j'ai réussi, après un long passage à vide, à prendre du recul. Cela m'a permis d'analyser les différentes situations, de faire des choix, radicaux pour certains, notamment concernant mon travail, mais m'a également ouvert les yeux sur mon comportement et les changements à y apporter. Certaines chaînes se sont alors brisées, mon esprit a retrouvé une nouvelle sérénité, je savais enfin que j'avais agi au mieux pour moi, intérieurement je ne subissais plus.

LE voyage

Itinéraire du voyage 2022

Lors d'une balade en camping-car un week-end de mars 2022, je vis tout à coup un message sur l'ouverture des voyages par Anaïs sur les réseaux sociaux, mon voyage tant attendu s'ouvrait à moi, devenait enfin réalité. J'ai immédiatement envoyé trois messages pour enregistrer ma pré-inscription, un en message privé sur Facebook, un autre sur Instagram, et enfin le dernier par mail, j'avais tellement peur que les messages ne soient pas passés à cause de ma connexion internet aléatoire. Anaïs m'a avoué par la suite qu'elle avait pensé me faire une blague en me disant que mon inscription n'avait pas pu être validée, heureusement qu'elle ne l'a pas fait, j'aurais été dans un état de panique totale ! Au lieu de cela, Anaïs m'a confirmé que ma place était quoi qu'il arrive validée, elle savait combien je souhaitais partir, lui ayant téléphoné en janvier afin qu'elle m'organise un voyage personnalisé dans le nord de l'Inde, quitte à partir seule, avec juste un guide, j'étais prête à tout.

*

La suite de la préparation du voyage s'est déroulée sans anicroches, d'une simplicité déconcertante en fait : l'achat d'une valise, l'élaboration de la liste des produits à emmener et leur préparation, le paiement du voyage, la prise d'une assurance, avec les conseils avisés de Pratap, l'achat des billets de train pour rejoindre Paris, la réservation de la chambre d'hôtel, l'e-visa (un peu long à remplir, mais beaucoup plus facile que ce que j'imaginais), le document d'Air Suvidha également à remplir (déclaration sur l'honneur d'être vacciné ou avoir fait un test PCR, indispensable pour pouvoir entrer en Inde à cette période), le rendez-vous avec mon banquier pour les formalités de paiement international.

L'approche de ce voyage se mettait en place tranquillement, chaque étape se faisant dans une chronologie parfaite, me permettant de réaliser en douceur que j'allais enfin partir, réaliser mon rêve. Curieusement, moi l'angoissée permanente, je n'ai jamais été aussi sereine que pendant ces quelques mois de préparation.

*

Début septembre 2022, soit cinq mois après ma pré-inscription, tout était prêt pour le départ le 08 septembre. Mon mari allait s'occuper du petit Carl pendant mon absence, l'enfant que j'accueillais en tant que famille d'accueil, ma directrice m'en ayant donné l'autorisation en à peine une heure, les inscriptions pour le périscolaire étaient faites, tout était calé.

Mais… La veille de mon départ, Carl a été malade, se vidant littéralement. SOS médecin passé, je me suis retrouvée à 20h56 à la pharmacie de garde, heureusement avant l'heure obligatoire pour devoir passer au commissariat au préalable. Tout s'était déroulé si paisiblement, il fallait bien qu'un grain de sable vienne semer le trouble…

Je n'avais pas pu effectuer les derniers préparatifs durant cette journée teintée de maladie infantile, je les ai donc faits dans la précipitation durant la dernière nuit avant mon départ, espérant ne rien oublier d'important.

Partir à plus de 8 000 km, en laissant un enfant de 5 ans malade, moi qui suis très protectrice, fut une décision très difficile à prendre, mais je ne pouvais plus reculer.

Départ

Mur du palais de Mysore

Jeudi 08 septembre 2022

Le jour du départ était enfin arrivé, le train était à 12h32 à St Nazaire, avec une halte à Nantes, pour une arrivée à Roissy Charles de Gaulle à 17h13.

Il était prévu que seul mon mari m'accompagne à la gare, mais Carl étant malade, il était préférable qu'il n'aille pas à l'école. J'avais une grande appréhension que Carl ne veuille pas me laisser partir, ou qu'il veuille absolument monter dans le train avec moi. Nous avons donc décidé de partir en avance, Stéphane et Carl m'ont accompagnée jusque sur le quai de la gare, les « au-revoir » furent brefs, et je me suis retrouvée seule à attendre mon train. Curieusement, encore une fois, aucune appréhension n'est venue gâcher cette attente, jusqu'à l'arrivée à l'aéroport. Mon esprit était très zen.

*

L'aéroport Roissy Charles De Gaulle est immense ! Etant arrivée la première de notre petit groupe de filles voyageant ensemble, j'ai d'abord cherché l'endroit prévu pour prendre les navettes pour rejoindre l'hôtel que j'avais réservé. En passant par les couloirs, escalators, ascenseurs, j'ai trouvé par hasard le Terminal 2E, terminal qui était notre lieu de décollage le lendemain. Tout continuait à suivre son chemin tranquillement, sans accroc.

*

L'attente fut longue ensuite avant que nous puissions toutes nous retrouver pour pouvoir prendre la route de l'hôtel. Nous avons attendu jusqu'à 19h30, plantées là, debout, sans bouger pendant deux heures, l'une des cinq filles ayant du retard à cause d'un problème dans le métro. Pour une première rencontre entre nous, j'ai trouvé dommage que ce ne soit pas plus chaleureux, nous aurions tout simplement pu nous asseoir autour d'un petit thé, un bistrot étant juste derrière nous.

*

Après nous être toutes regroupées, nous voilà dans l'ascenseur pour aller à la recherche de la navette, que nous avons trouvée très rapidement, heureusement car c'était le dernier horaire pour pouvoir rejoindre l'hôtel. Le chauffeur a alors chargé précipitamment les valises à l'arrière, nous avons pris place dans la petite fourgonnette, le chauffeur s'est ensuite engagé sur le périphérique parisien avec une conduite quelque peu musclée : conduite très rapide, freinage au dernier moment, notre véhicule a même failli emboutir un bus devant nous, téléphone au volant, téléphone qui tombe, le chauffeur qui le récupère tout en continuant de conduire ! Etait-ce un avant-goût de la conduite indienne ?

*

Nous avons pris nos chambres, j'avais proposé au préalable de partager la mienne, Nathalie et Laurence avaient accepté avec joie. J'avais l'âge d'être leur mère, il était donc normal qu'il y ait un petit décalage entre nous. De plus, elles se sont tout de suite bien entendues toutes les deux.

Notre petit groupe de six est allé manger au seul restaurant proche. Je me suis sentie à l'écart, avec une grande fatigue, pas faim, j'avais juste envie d'aller me coucher. Faire bonne figure est difficile pour moi, ce premier soir fut très éprouvant. Parler de tout et de rien avec des inconnues alors qu'on était restées debout plus de deux heures à l'aéroport sans convivialité, faire comme si l'on se connaissait déjà était une curieuse sensation, avec des conversations provoquées, non naturelles, et une gêne palpable quand un silence s'isntallait. Je faisais partie des plus anciennes, la doyenne ayant 58 ans, moi 51 ans, deux étaient trentenaires, les deux dernières avaient la quarantaine. Comment créer des liens avec des personnes avec lesquelles je n'avais pas beaucoup de points en commun, à part ce voyage en Inde ?

Vendredi 09 septembre

La nuit fut courte, il fallait se lever tôt, le réveil était à 4h45 pour se lever à 5h00, car la navette pour l'aéroport était réservée pour 6h00, et être à trois dans une chambre d'hôtel demande une petite organisation pour que tout le monde puisse avoir accès à la salle de bain.

Notre groupe est passé à sept avec l'arrivée de Martine qui habitait à Paris. Nous avons pris le petit-déjeuner à l'aéroport, je n'avais toujours pas faim, c'était bien la première fois depuis des mois que mon corps refusait de manger, moi qui me suis réfugiée dans la nourriture pendant ces dernières années, et excessivement en 2021...

*

Notre avion a eu une heure de retard, le commandant de bord nous apprenant par la suite qu'un des pneus était défaillant. Ce retard était bien relatif, nous partions pour un vol de presque dix heures, mais surtout en toute sécurité.

Pourtant installées en classe ECO, le vol fut très agréable, avec un personnel de bord chaleureux et très présent. Le repas était au choix, soit français, soit indien, j'aime ces petites attentions, qui permettent de nous baigner dans l'ambiance à notre guise. Nous avons même eu l'offre d'une coupe de champagne ! L'une de nous sept, Caroline en a d'ailleurs profité.

Dix heures dans un avion peuvent paraître longues, mais Air France proposait un tel choix de films, de documentaires, de musiques que le temps s'est vite écoulé. J'en ai profité pour regarder l'adaptation du roman « En attendant Bojangles », adaptation très réussie, j'avais adoré le livre et pu rencontrer son auteur qui est originaire de ma région.

*

L'arrivée en Inde était prévue à 23h30, heure locale. Il nous a fallu patienter pour les formalités d'arrivée telles que le passeport, la déclaration Air Suvidha, la douane, etc… Ce moment n'a pas été des plus agréables, le personnel indien n'étant pas toujours aimable, ils aiment en général montrer leur autorité, parlent anglais avec un fort accent et très rapidement, ce qui peut compliquer les échanges. Avec mon pauvre petit anglais non pratiqué depuis les années lycées, ce fut bien rude ! La douanière me voyant faire tous les efforts possibles, s'est détendue en esquissant un très léger sourire.

*

Nous avons enfin pu sortir de l'aéroport après l'échange d'argent. J'ai opté pour ma part pour la facilité en retirant mes premières roupies au distributeur, cette démarche était également beaucoup plus rapide. Nous avons enfin pu rencontrer Anaïs qui nous attendait patiemment depuis plus d'une heure à l'extérieur.

Je connaissais Anaïs auparavant car j'avais déjà fait quelques transactions commerciales avec elle pendant le confinement pour mon e-boutique. La voir en face de moi était comme une évidence, comme si nous nous connaissions depuis des années.

Il a fallu encore attendre que le mini bus vienne nous chercher pour prendre la direction de l'Ashram[2], c'est aussi ça l'Inde, savoir être patient.

Je foulais pour la première fois le sol de ce cher pays qui m'attirait depuis tant d'années, je n'ai rien loupé du trajet entre l'aéroport de Bangalore et l'Ashram Art of living : les chiens se baladant en pleine rue fouillant dans les poubelles à ciel ouvert sur les bords des trottoirs, les jeunes à moto sans casques roulant à vive allure, les carrioles, elles, avançant poussivement avec leur lourd chargement, les gens assis à l'arrière, avec le chargement, secoués au gré des trous et bosses de la voie express, les lumières flashy en pleine nuit, le bruit enroué des klaxons, j'étais émerveillée telle une petite fille, le dépaysement commençait.

---

[2] Lieu pour pratiquer le yoga, la méditation et d'autres pratiques spirituelles pour évoluer et grandir. Endroit régi par des règles strictes (se lever tôt, repas simples à base de riz et de légumes pris en silence, où l'alcool est interdit), où l'enseignement du guide spirituel (Guru) est transmis.

Vie à l'ashram

Intérieur du Vishalakshi Mantap, Bangalore

L'Inde est un pays truffé de paradoxes, l'arrivée à l'ashram n'a pas échappé à cette « règle indienne ». Lorsque je me suis renseignée sur l'ashram de Sri Sri Ravi Shankar, les photos trouvées sur internet montraient le « dôme » (Vishalakshi Mantap) de jour, impressionnant, et de nuit, encore plus fabuleux. Ma première vision de l'ashram fut un grand portail bien surveillé avec un immense portrait de Sri Sri, situés aux abords d'une longue route rectiligne, me donnant l'impression d'un endroit isolé au milieu de nulle part.

Nous sommes arrivées en pleine nuit, aux alentours de 3h00 du matin, il a fallu nous enregistrer à la réception afin d'avoir le droit d'accéder au site, et donc aux chambres. Le mini bus nous attendait pour nous conduire au plus près du bâtiment Padmini. Nous avons serpenté des « rues » un peu cabossées, et là encore, nous avons croisé des chiens errant tranquillement.

Ce lieu m'a paru comme un mélange de modernité et de campagne, de boue et de marbre, de luxe et de pur dénuement.

*

A travers la nuit, des sons d'insectes montaient, raisonnant assez fort, créant un doux bruit de fond bien agréable, envoûtant, berçant. Notre chambre était composée de quatre lits en bois avec un matelas de laine peu épais mais très compact, d'un point d'eau, et d'une salle de bain avec toilettes et douche. Ces chambres sont assez sommaires tout en ayant le confort essentiel.

L'odeur première en pénétrant dans la chambre fut une odeur de naphtaline. En effet, des petites pastilles étaient disposées sur chaque grille d'évacuation dans le but de dissuader les bestioles indésirables de choisir ce chemin pour cohabiter avec nous. Cela n'a pas empêché un gros cafard de nous faire une petite visite surprise un matin, en trônant fièrement au milieu du petit lavabo.

*

Dans le programme de notre voyage, il était prévu de rester à l'ashram quatre jours et demi, avec un stage de yoga, le Happiness Program. Comme nous étions arrivées de nuit, Anaïs nous a donné rendez-vous le samedi matin à 11h00 pour un petit thé dans le restaurant ayurvédique, deux autres filles nous ayant rejoint dans la nuit pour former notre groupe final de neuf personnes.

La première journée fut assez tranquille, avec la visite de l'ashram en compagnie de Sanjeev, qui travaille pour l'ashram. Sa présence nous a permis de passer les différents points de contrôle et nous ouvrir les barrières. Il faut vraiment montrer patte blanche pour pouvoir accéder aux différents lieux, l'ashram étant une véritable forteresse, avec la sécurité également renforcée car Sri Sri était présent tout au long de notre séjour. Nous avons eu la chance de le voir très souvent, il était même arrivé en même temps que nous à l'aéroport et était venu nous saluer. Sa maison est située au cœur de l'ashram, un peu en hauteur, parmi une végétation très luxuriante, depuis laquelle il a une vue sur tout l'ensemble de l'ashram, qui est immense. Il domine sa création !

Nous avons pu voir le lac avec les plantations de riz, les lieux de méditation, l'école védique (Gurukulam). Cette balade était accompagnée d'un calme très apaisant, cette prise de contact s'est faite tout en douceur. La végétation y est très abondante, j'ai pu y voir les premiers cocotiers, un immense banyan, des fleurs d'hibiscus, nous marchions dans de petites allées très bien entretenues, c'était un véritable havre de paix.

Le soir venu, nous avons assisté à notre premier satsang[3], qui dure environ 1h30, ensuite repas au réfectoire, avec comme plat principal le fameux Kitchari[4], bien collant et pâteux.

Pendant ce repas, Anaïs a partagé sa connexion wifi pour que nous puissions prendre des nouvelles de nos familles, car depuis vendredi matin à l'aéroport, nous étions sans contact. Seulement, mon téléphone ne faisant pas scanner pour le QR Code, je suis restée dans l'impossibilité de joindre mon mari et prendre des nouvelles de Carl. Comment allait-il, était-il toujours aussi malade ? Comment s'étaient passées les trois premières journées sans moi ? Voir les autres prendre des nouvelles, et moi dans l'incapacité de le faire fut un moment assez difficile émotionnellement.

---

[3] Pratique d'origine indienne qui désigne des réunions autour d'un enseignant spirituel, qui fonde son enseignement sur son vécu dans la sagesse védique et les prinicpes de non-dualité. Dans les ashrams, la pratique du satsang est quotidienne.

[4] Plat essentiel en Ayurveda qui est particulièrement recommandé en période de détox ou pour mettre le système digestif au repos. C'est un plat complet et très facile à digérer.

Dans l'ashram, nous nous couchions tôt vers 21h30 maximum. Me retrouver seule dans mon lit, sans sommeil, avec ce manque de nouvelles de mes proches a été très éprouvant et m'a fait craquer. J'ai alors culpabilisé, me demandant ce que je faisais là, avec des personnes dont les affinités ne se faisaient pas vraiment, la plupart des autres filles se connaissant déjà : Caroline et Corinne avaient déjà réalisé deux voyages ensemble avec Anaïs, celui-ci était leur troisième, Laurence et Nathalie étaient devenues proches dès l'hôtel à Paris, Déborah et Martine ayant travaillé ensemble, avaient décidé de faire ce voyage toutes les deux. Il restait Chantal, Patricia, et moi. Toutes trois avons eu du mal à nous insérer parmi tous ces duos, Patricia faisant même remarquer un jour de balade que nous ne changions jamais de place dans le bus.

J'ai pleuré un bon moment dans mon lit, alors que les autres dormaient déjà. Je me sentais tellement peu à ma place avec elles, si seule, je me sentais aussi tellement égoïste d'avoir laissé Carl malade, il ne pouvait plus compter sur moi alors que je le lui avais promis lorsque j'avais été le chercher à l'hôpital lorsqu'il était âgé de 4 mois. Je laissais mon mari tout gérer à ma place, que de remords m'ont traversé l'esprit cette nuit-là.

Personne de ma chambrée n'en sût rien.

Le dimanche matin, nous avions rendez-vous avec un médecin ayurvédique. Nous attendions dans la salle d'attente et mes pleurs ont recommencé. Je me sentais si fragile et honteuse de pleurer ainsi. Je ne pense pas que les autres aient compris ce qui m'arrivait intérieurement, pourquoi je réagissais ainsi.

Le médecin ayurvédique (vaidya) a demandé ce qui m'arrivait, j'ai balbutié que ma famille me manquait, mais c'était vraiment autre chose qui se jouait : j'avais l'impression de trahir ma loyauté envers les membres de ma famille en ayant pris la décision de partir seule si loin, de les avoir laissés tomber.

*

La vaidya a trouvé tous les maux dont je souffrais en quelques minutes avec la prise de pouls, tels que les douleurs de dos, douleurs osseuses, arthrite, les raisons de mes différentes interventions chirurgicales, et encore bien d'autres, c'était surréaliste. Elle m'a prescrit un traitement de trois mois, avec quelques conseils. A la fin de la consultation, j'étais dans un état particulier, remerciant la vaidya, mais me sentant toujours fragile. En sortant du bureau, je me suis isolée dans un petit coin, les nerfs ont alors lâché. Toute l'accumulation des coups durs durant ces nombreuses années, ne rien laisser paraître, encaisser, tenir bon à tout prix, je lâchais enfin cette carapace, celle-ci commençait à se fissurer. Les larmes coulaient toutes seules.

Il s'est alors passé un événement fantastique : une indienne qui attendait elle aussi une consultation ayurvédique, est venue à moi et m'a enlacée en me parlant avec tellement d'empathie ! C'était la première fois que je recevais de la compassion ainsi, gratuitement, d'une façon si bienveillante, cela m'a immédiatement apaisé, m'a rempli d'une affection primaire. Cette femme m'a simplement donné du réconfort d'une manière si spontanée, inattendue. Sa gentillesse et sa douceur étaient ce dont j'avais besoin, elle me les a offerts naturellement. Ma gratitude envers cette femme fut immédiate, son altruisme était tellement extraordinaire.

Le soir, en quittant le satsang, parmi toute la foule, une femme m'arrête, me demande en anglais comment j'allais. Au premier abord, je ne l'ai pas reconnue avec ses cheveux détachés, c'était la femme du câlin du matin ! Incroyable que l'on se recroise parmi ces milliers d'indiens, qu'elle prenne le temps encore une fois de prendre de mes nouvelles ! Cette rencontre m'a profondément bouleversée.

*

Ce même jour commençait le stage de yoga. Ce stage se déroulait au dernier étage du dôme, une vue grandiose s'offrait alors à nous. Nous pouvions voir l'étendue impressionnante de l'ashram, au loin les montagnes, ainsi que Bangalore. Nous avons rencontré Rachna, qui nous a guidées pendant le stage, une femme extraordinaire, d'une prestance remarquable, d'une bonté, d'une beauté et d'une douceur inouïes.

Ce premier jour se déroula tranquillement, je découvrais et me laissais porter en fait, tout en restant réservée.

Le soir, entre la fin du stage de yoga et le satsang, il nous restait du temps pour découvrir les quelques boutiques présentes dans l'ashram, boire un jus de coco, ou aller au « café Vishala ». C'est dans ce café que j'ai bu mon premier chaï en Inde. Le préparant moi-même en France, j'avais hâte de pouvoir le goûter dans l'ashram et me rendre compte si ma recette était correcte ou non. Je fus surprise d'y trouver le même goût que le mien, c'était très réconfortant de ne pas m'être trompée. C'était le meilleur chaï bu en Inde, au cours du voyage, certains autres étaient parfois écoeurants ou un peu fades.

*

Le soir, j'eus encore une fois du mal à m'endormir, ayant pleuré, et m'interrogeant sur le bien-fondé de ce voyage. J'ai fini par ne plus culpabiliser, me remémorant les raisons pour lesquelles ce voyage avait tant d'importance pour moi, je souhaitais simplement avoir des nouvelles de mes proches, partager avec eux mes premières expériences, et, comme le soir précédent, je voyais tout le monde téléphoner ou envoyer des messages sans pouvoir le faire moi-même, c'était très frustrant.

*

Le réveil du lundi matin fut très mouvementé, j'étais loin d'imaginer me faire agresser par un membre de notre minuscule groupe de françaises, je pensais, peut-être naïvement, que les personnes s'inscrivant à ce genre de voyage avaient déjà acquis une certaine bienveillance, ou du moins, y étaient déjà sur le chemin.

Corinne, une de mes colocataires de chambrée, s'est levée, a lancé sa valise, a claqué violemment la porte de la chambre. Toute cette démonstration de violence dès le réveil fut très choquante.

Nous étions toutes les trois autres à faire comme si de rien n'était, ne comprenant pas ce qui se passait, en espérant que Corinne se calme rapidement.

Je suis allée prendre ma douche et au retour vers mon lit, j'ai vu Corinne à l'autre extrémité de la pièce, assise sur son lit, bien droite, me fixant, le regard très noir, ne cessant de me suivre des yeux. Qu'est-ce qui lui arrivait ? Pourquoi me regardait-elle de la sorte, et surtout, pourquoi moi, seulement moi ? Comment était-ce possible qu'une personne désirant faire un voyage en Inde comprenant un stage de yoga de trois jours sur la bienveillance puisse être aussi agressive, surtout que Corinne n'en était pas à son premier voyage ?

Prenant sur moi pour ne pas réagir comme d'habitude impulsivement, je lui ai alors demandé : « Tu es en colère ? » d'une façon la plus douce possible, ce qui était d'ordinaire un terrible exercice pour moi, je fus alors assez contente de mon contrôle.

Mais, Corinne a immédiatement explosé, elle n'attendait que cela en me provoquant de la sorte. Elle s'est mise à me hurler dessus : « J'ai pleuré cette nuit, personne n'est venu me consoler ! » « Je me suis enfouie dans ma serviette pour pleurer, personne n'a entendu ! » « Je n'ai pas dormi de la nuit, tu ne sais pas ce que c'est toi de ne pas dormir une nuit entière ! » « En plus, quelqu'un a ronflé, j'en peux plus, je veux rentrer en France, je vais demander à Anaïs de partir ! ».

Vraiment ? Sérieusement ? Je n'ai pas compris tout de suite ce qui se passait, pourquoi je subissais un tel jugement aussi violent avec un déferlement de paroles démesurées. Pourquoi s'adressait-elle à moi, alors que justement, je ne supporte plus aucune violence ? J'étais complètement abasourdie.

Je n'en revenais pas de ce discours insensé. Je l'ai trouvé tellement ridicule, et en même temps je subissais une telle agression. Caroline lui a expliqué que personne ne l'avait vue ou entendue pleurer, rien n'y faisait, elle continuait de ne s'en prendre qu'à moi.

Ayant pleuré la nuit précédente, il était fort possible que j'aie effectivement ronflé. Caroline et

Nathalie m'affirmant qu'elles n'avaient rien entendu, la réaction de Corinne m'apparut encore plus disproportionnée, voire extrême. La nuit suivante, Nathalie a ronflé également, personne n'en a fait cas, Caroline m'en a juste fait part, discrètement, comme pour me montrer que l'incident me concernant était en réalité bien futile.

Je me suis malgré tout excusée d'avoir, peut-être, empêché Corinne de dormir.

Corinne étant en pleurs, nous l'avons enlacée toutes les trois, nous avons suivi les conseils de la veille lors du stage de yoga. J'ai pris énormément sur moi pour ce moment absurde, en France, j'aurais répondu en étant très cassante. Je ne voulais en aucun cas rentrer dans ce même schéma, je venais en Inde justement pour faire une pause de toute cette violence en France, violence de par mon travail, de par mon enfance, mon adolescence, et même ma vie d'adulte (la dernière fois que mon père s'est permis de me crier dessus ne remontait qu'à quelques mois seulement, le jour du 1er janvier).

Corinne a ensuite affirmé que l'affaire était close. Pour moi, tout était donc réglé, je me suis remise à finir de me préparer.

Les autres filles du groupe sont ensuite sorties de leur chambre et sont venues nous dire bonjour.

Corinne est alors sortie et a refait son show, en parlant fort, pleurant, et cette fois-ci m'accusant directement de l'avoir empêchée de dormir ! Là encore, j'ai décidé de ne pas sur-réagir, étant par contre profondément blessée. Tout mon voyage allait-il se passer de cette façon, à être agressée de la sorte, devoir continuer de faire bonne figure devant cette femme qui continuait d'être désagréable ? Je pensais vraiment rencontrer des personnes cherchant la sérénité et l'apaisement à travers ce voyage en Inde. Jamais je n'aurais imaginé devoir affronter une telle épreuve dès le début du voyage.

Deux groupes distincts s'étant formés naturellement parmi les voyageuses, j'ai demandé au groupe des plus jeunes de venir manger le petit-déjeuner au restaurant ayurvédique avec elles. Je voulais vraiment fuir cette Corinne, car me connaissant, mon calme n'aurait pas forcément pu tenir des heures…

*

Après le petit-déjeuner, toujours très léger pour moi, il m'était impossible de manger correctement, nous nous sommes rendues à une Puja[5] en l'honneur de Ganesh, à laquelle Sri Sri Ravi Shankar assistait.

J'ai regardé cette Puja, restant en retrait, réfléchissant à la situation du matin. Au fur et à mesure que le temps passait, une idée devenait évidente. Nous n'étions qu'au tout début de notre troisième jour en Inde, j'avais tellement attendu et espéré ce moment qu'il m'était impossible qu'il soit gâché par une personne comme Corinne. Il fallait que je puisse prendre du recul, m'isoler et retrouver une certaine sérénité pour profiter de mon voyage, il était inconcevable que quiconque vienne gâcher ce projet tant attendu. J'ai donc décidé de demander à poursuivre cette aventure en chambre seule.

Anaïs a peut-être vu que je restais en retrait car en fin de Puja, elle m'a appelée pour venir près d'elle. La Puja terminée, je commençais à partir avec elle, je lui ai annoncé que je souhaitais lui parler plus tard. Sa réponse toute douce est alors venue : « non, maintenant, vas-y ». Je lui ai alors fait ma

---

[5] Cérémonie durant laquelle un ensemble de rituels est effectué en vue de l'adoration d'une divinité hindoue. Ces rituels peuvent être des chants, des offrandes de fleurs, de nourriture. « Puja » en sanskrit signifie « offrande ».

demande d'une chambre seule, lui racontant ma mésaventure.

Sa petite phrase bienveillante m'a alors remis du baume au cœur : « Ce n'est pas toi qui as un problème, c'est elle. On laisse passer la journée, on en reparle ce soir ». Anaïs avait raison, le problème ne venait pas de moi, d'ailleurs, au cours de ce voyage de seulement deux semaines, Corinne a agressé deux autres filles du groupe et n'a cessé ses petites provocations…

Ce même matin, une coïncidence extraordinaire est apparue lors de notre stage de yoga, nous devions nous mettre en petit groupe de trois, et raconter brièvement notre vie. Bien sûr, je me suis retrouvée avec Corinne… Je fus désignée la première pour m'exprimer. J'ai alors évoqué la violence subie pendant mon enfance et adolescence, précisant bien que je ne supportais dorénavant plus ce genre de comportement envers moi. J'en ai également profité pour reprendre le moment désagréable du matin en face à face avec Corinne, pour enfin clore définitivement ce passage fort inapproprié.

La nuit suivante fut très courte, dormant seulement trois ou quatre heures, de peur de déranger mes colocataires. L'idée de dormir dans une chambre seule était alors une évidence pour mon bien-être et mon équilibre, et pouvoir enfin profiter de mon voyage et le vivre comme je le souhaitais et le rêvais...

*

Les jours à l'ashram se sont enchaînés sur ce rythme : lever, petit-déjeuner, stage de yoga, déjeuner, stage de yoga, satsang, repas et coucher.

Avec le coucher devenu compliqué, ce rythme paroissial et le clash avec Corinne, j'ai vécu les cinq jours dans l'ashram comme un véritable enfermement. C'était devenu étouffant, je ne rêvais que d'une chose, retrouver ma liberté, mon indépendance afin de pouvoir profiter de ce voyage. Je rêvais de me détacher du groupe, d'aller à la rencontre des autochtones, et enfin de découvrir l'Inde.

Le mercredi fut une journée de libération : le matin, nous sommes allées visiter une école financée par Art of Living (une partie du prix de notre voyage est reversée dans ce but), nous avons aussi pu aller visiter le site de permaculture de l'ashram, et son goshala[6]. J'ai adoré aller voir les vaches, quel apaisement en leur présence !

Nous avons pu aller découvrir le « Old Ashram », là où tout a commencé pour Sri Sri Ravi Shankar. Ce moment fut un des plus beaux de mon voyage. Un petit endroit, à échelle humaine, tranquille, paisible, où l'on peut simplement se poser pour contempler, méditer, c'était vraiment un endroit propice pour se ressourcer. L'ashram actuel est tellement immense, ce petit Old Ashram était tout simplement un havre de paix, une parenthèse bienvenue dans ce tumulte où j'avais encore du mal à m'orienter au bout de cinq jours de séjour.

Nous sommes aussi allées au temple tout près de l'ashram, dans lequel nous avons eu droit à un petit cérémonial, qui était la mise en place d'un bracelet de protection avec récitation de mantras protecteurs par un prêtre.

*

---

[6] Sanctuaire pour les vaches errantes en Inde (« go » = vache, « shala » = abri)

Bien sûr, je n'avais toujours pas pu joindre mes proches pour prendre de leurs nouvelles, ou en donner. Fort heureusement, le mardi soir, me retrouvant seule avec Nathalie dans la chambre, je lui ai parlé du fait de ne pas avoir pu obtenir le code pour le partage du wifi d'Anaïs. Elle m'a alors dit l'avoir photographié, et me l'a épelé pour que je puisse l'enregistrer, enfin ! Je n'attendais qu'une chose, pouvoir me connecter, ce moment n'est arrivé que le lendemain soir, dans notre bus direction Mysore. Presque six jours sans contact avec ma famille fut une nouvelle épreuve me permettant de réaliser l'importance des liens avec les personnes qui nous sont chères.

*

Le départ de l'ashram se déroula sous une pluie battante, nous avions vu les nuages arriver, espérant que cette grosse averse passe le temps de finir rapidement nos bagages. Mais nous avons dû traverser l'ashram sous cette pluie, nous protégeant comme nous le pouvions, marchant et courant dans la boue en essayant de ne pas glisser ou tomber, ma valise bloquant régulièrement dans le chemin cabossé. Nous avons rejoint le plus rapidement possible notre mini bus où notre chauffeur pour le reste du voyage, Biju, nous attendait.

Le départ de cet ashram fut aussi cahotique que son séjour !

Mysore

Coucher de soleil après la visite à Somnathpur

Nous voici donc lancées pour le reste de l'expédition, avec cette fois-ci la visite de différents lieux de l'Inde du Sud. Nous étions encore dans le Karnataka, arrivant à Mysore vers 21h30.

La conduite en Inde est bien particulière, elle se fait déjà à gauche, l'Inde étant une ancienne colonie britannique, et cela ressemble à une gigantesque fourmilière. Chacun trouve sa place malgré tout facilement, se collant au véhicule précédant, les klaxons résonnent pour prévenir de leur passage, sans agressivité comme en France. Tout le monde se laisse plus ou moins passer, tout en s'insérant rapidement, se frôlant parfois à seulement quelques centimètres, un véritable joyeux bazar !

Sur les grands axes, les deux voies se transforment en trois, voire quatre voies, selon les dépassements réalisés par les conducteurs, les véhicules aux bords de route se collant encore davantage aux quelques centimètres restants sur le bas-côté, faisant place à un ballet de voitures, camions, bus, motos, slalomant, créant une cacophonie organisée, sans énervements, quel spectacle envoûtant !! On est en Inde, « ça passe, tranquille ! ».

L'arrivée tardive dans l'ashram Art of Living de Mysore se fit tout en douceur grâce à une petite équipe de gens très accueillants, nous proposant un jus de fruits frais, un vrai délice !

Nous étions également attendues pour le dîner, une pure merveille ! Nous avions un choix de plats impressionnant, des mets succulents, très légers, épicés à la perfection. Cet ashram étant très petit, j'avais le sentiment de me retrouver dans un petit cocon familial, rien à voir avec l'ashram de Bangalore. Ici, tout était à échelle humaine, les employés, au nombre de quatre, gèrent tout, la nourriture, les chambres, l'entretien des lieux, etc…Et surtout, ils sont très touchants, d'une douceur bienveillante extraordinaire.

*

La distribution des clés fut pour moi une bonne surprise, je continuais cette journée dans une bonne aura : Anaïs m'a tendu une clé… pour moi toute seule ! Elle avait réussi à organiser la suite du séjour selon mon souhait, quelle joie, quel soulagement, je me suis sentie légère tout à coup ! Anaïs m'avait prévenu que j'allais avoir un supplément à payer pour les chambres individuelles, mais ce petit ashram me faisait cadeau du luxe de cette chambre seule, je n'ai payé que pour les hôtels suivants, tout était tellement parfait.

Je me retrouvais donc dans une chambre prévue pour quatre personnes, en solo, tout cet espace pour moi, sans obligations ni craintes de gêner qui que ce soit. Je pouvais me lever la nuit, lire jusqu'à l'heure que je voulais, me doucher quand je le voulais, mettre de la musique, parler à ma famille, et enfin me poser et dormir ! Ces simples petits plaisirs me procuraient une joie immense. J'étais en Inde, je pouvais enfin le vivre pleinement.

Un petit détail me plaisait dans cet ashram, nous devions laver notre vaisselle nous-même, à l'extérieur, comme dans un camping en France. D'ailleurs, un matin de lavage de vaisselle du petit-déjeuner, je me suis retrouvée seule avec un Baba présent en même temps que nous dans l'ashram. Cet homme a commencé à me poser quelques questions sur mon pays d'origine, ce que je pensais du lieu, ce fut un moment de partage bien agréable avec cette personne dont le calme et l'assurance envoûtante transpercaient. Cette simplicité, où nous partagions tous un petit quelque chose, où l'entraide et le vivre ensemble sont de vraies valeurs, était très rassurante. Dans l'ashram de Bangalore, pendant le stage de yoga, Rachna nous a appris cette sorte de mantra « I belong to you » (« tu m'appartiens »), chacun ayant une partie de l'autre en soi. J'ai eu du mal à y croire avec mes co-voyageuses, mais ici dans l'ashram de Mysore, cette phrase prenait tout son sens.

*

Ma liberté retrouvée associée à ce lieu empli de bienveillance et d'authenticité me faisait vraiment revivre. Cela correspondait exactement à l'image que j'avais de l'Inde, cet état d'esprit que je cherchais à acquérir depuis quelques années maintenant, cette quiétude qui me faisait me sentir moi. Je savais enfin qui j'étais, j'avais trouvé mon propre chemin, ma véritable essence. Je savais que j'avais fait le bon choix en venant dans ce pays, qu'il pouvait m'apporter plus de sagesse, plus de confiance en moi, plus de bonheur. Ce bonheur dépendait également de moi puisque je prenais enfin conscience qu'il a toujours été présent au plus profond de mon être, il m'appartenait maintenant de le cultiver et de le faire grandir.

Ce sentiment ne m'a plus quitté jusqu'à la fin de mon séjour, il s'est même accru de jour en jour.

*

Pendant tout le reste du voyage, je me levais vers 6h30, doucement, avec la lumière du jour apparaissant à travers les rideaux, les chambres n'étant pas pourvues de volets. Après avoir pris le temps d'être bien réveillée et après une petite toilette rapide, j'allais rejoindre la salle de yoga et méditation située au deuxième étage de notre bâtiment. Nous faisions alors notre yoga quotidien, comprenant la salutation au soleil, quelques asanas, le sudarshan kriya[7] et de la méditation, cette dernière s'allongeant au fur et à mesure des jours passants, notre sadhana[8] pouvait alors aller jusqu'à deux heures.

---

[7] Pratique de respiration yogique en trois parties pour éliminer la fatigue et les émotions négatives, améliorant ainsi la santé physique et mentale globale. Cette méthode a été développée par Sri Sri Ravi Shankar et brevetée par la fondation Art of Living.

[8] Pratique dans laquelle on développe son autodiscipline pour mettre au travail son mental et son corps, au service de son esprit. Pratique, cheminement spirituel, réalisation, accomplissement, acquisition, obtention.

Pour le sudarshan kriya, je me forçais à m'installer dans la position du diamant, même si mes pieds finissaient tout ankylosés. Je souhaitais sortir de ma zone de confort, ce genre de petit détail en faisait partie. Endurer les fourmillements, supporter la douleur lorsque je me mettais ensuite en Shavasana[9] lorsque le sang revenait dans les membres inférieurs, voir progresser ma résistance, tout cela m'a beaucoup aidé à prendre confiance en mes capacités.

*

Après notre sadhana quotidienne, le petit-déjeuner était ensuite excellent avec des fruits frais, un bon chaï, des idlis[10], des pancakes, des plats salés qui, pour ma part, étaient un peu trop copieux, ne mangeant encore qu'en petite quantité.

---

[9] Position voulant dire "posture du cadavre" en Sanskrit, qui vient terminer une séance de yoga. C'est une posture de relâchement, de relaxation complète permettant au corps de digérer et classifier ce qu'il a vécu pendant la séance.

[10] Petite galette cuite à la vapeur, de riz et de lentilles blanches.

La douche était ensuite la bienvenue, dans le sud de l'Inde, l'air y est très humide. Nous avions 27°C dès 7h00 le matin, et nous ruisselions au moindre mouvement.

*

Notre première visite à l'extérieur fut le marché de Mysore. Nous y avons rencontré notre guide francophone Paneesh, un homme charmant, très serviable, nous accompagnant pendant ces deux jours à Mysore.

Le marché couvert de Mysore est un marché permanent, durant toute la journée, et ce, 7 jours sur 7. Nous y avons découvert des rouleaux énormes de fleurs vendus au mètre, des étalages de fruits très ordonnés, des épices, des souvenirs, des parfums, de l'encens, des étals de pyramides de poudres aux couleurs vives et variées, etc… L'ambiance y était plaisante, avec une effervescence ne se calmant que pendant la pause déjeuner.

Nous avons arpenté toutes les petites allées de ce marché, Paneesh nous faisant goûter des fruits et nous donnant toutes les explications possibles.

Nous nous sommes mêlées à la population, nous nous faisions aussi aborder par les petits vendeurs de bijoux, d'objets en bois de santal. Déambuler tranquillement dans ce lieu fut un réel plaisir, j'ai pleinement savouré ce premier bain de foule indienne parmi toutes ces senteurs et ces teintes si diversifiées et chatoyantes. Grâce à cette première excursion, nous commencions à nous imprégner doucement, nonchalamment du mode de vie indien.

*

Nous avons ensuite retrouvé Biju, notre chauffeur, pour nous diriger vers les campagnes indiennes. Dans Mysore, d'anciennes demeures coloniales côtoyaient des structures indiennes, ou des temples hindous, les routes fourmillaient de véhicules, où se mêlaient les gens, les vaches, les chiens.

Sur la route vers Somnathpur, les paysages mélangeaient des rizières avec des cocotiers et des palmiers, des camions remplis à ras bord, des motos avec des passagers toujours sans casque pour la plupart, des véhicules nous doublant en klaxonnant, Biju doublant également, quelques fois sur la voie du milieu qu'il avait créée, sans tenir compte de la ligne blanche centrale.

Soudainement, Anaïs a demandé à Biju si l'on pouvait s'arrêter afin d'aller contempler de plus près cette belle végétation. La demande fut immédiatement acceptée, notre mini bus s'est alors garé moitié sur le bas-côté, moitié sur la route, ne posant apparemment aucun problème aux autres conducteurs, qui nous contournaient tout simplement, sans aucun énervement.

Prendre son temps pour admirer cette luxuriante rangée de palmiers et de cocotiers, nous promener paisiblement le long du sentier, sans bruit, juste être là, fut un moment précieux.

*

Arrivées à Somnathpur, nous avons découvert notre restaurant fait sur mesure par Mahadi, le vendeur du petit magasin près d'un magnifique temple. Ce restaurant improvisé se composait de tables basses alignées entourées de petits tabourets en plastique, tout cela entreposé dans l'entrée de son magasin.

Comme à mon habitude, je n'ai mangé que la moitié de mon repas, proposant aux autres de manger l'autre moitié restée emballée. J'avais du mal à comprendre comment mes co-voyageuses pouvaient manger autant, moi qui d'habitude avait un bon appétit, la nourriture indienne me calait très rapidement.

*

Après le repas et du shopping dans le magasin, nous sommes allées visiter le temple à proximité, Chennakeshava Temple, un temple dédié à Vishnou. Les temples indiens sont indescriptibles de par la beauté de leurs innombrables sculptures. Paneesh nous en a montré tous ses détails et nous a expliqué comment reconnaître Vishnou. Il n'est pas facile d'identifier les dieux hindous et leurs avatars tellement ils sont nombreux. A part Shiva, Ganesh et Hanuman, j'ai du mal à mémoriser tous les attributs des autres dieux hindous.

Lorsque nous nous apprêtions à repartir pour l'ashram, un dalit[11] est venu à ma rencontre,

---

[11] Terme hindi signifiant « homme brisé, opprimé, mal traité ». Les dalits étaient autrefois appelés « intouchables », ils sont « hors-castes ». Ils sont considérés comme impurs par les hindous de

discrètement. Me tendant la main, je lui ai alors donné quelques roupies. Il est parti comme il est venu, sans bruit, tel un fantôme. Le comportement de cet homme m'a touché. Je pensais m'être préparée à être confrontée à des scènes de misère sociale, mais la rencontre directe avec cet homme m'a subitement fait réfléchir au mode de vie qu'il était obligé de subir. Dans une Inde où les castes sont légalement interdites, les traditions sont malheureusement tenaces.

Sur la route du retour, l'Inde nous a offert un magnifique spectacle. La nuit tombant vers 18h, nous avons eu droit à un extraordinaire coucher de soleil à travers les cocotiers, avec une déclinaison de nuances lumineuses, d'une intensité remarquable. J'étais en extase devant cette nature si époustouflante. Habitant près de la mer, j'ai pu voir de magnifiques et nombreux couchers ou levers de soleil, mais en Inde les tonalités des couleurs sont vraiment plus vives. Nos couleurs occidentales ressemblent à des tons pastel comparées aux couleurs indiennes, « Incredible India ! ».

---

castes et sont affectés aux métiers tenus pour les plus dégradants (blanchisseurs, barbiers, vidangeurs, équarisseurs, cordonniers, etc...).

*

Le lendemain, nous sommes allées sur la montagne sacrée Chamundi Hills. Devant le temple dédié à la déesse Parvati, une belle vache blanche s'est approchée sans que je ne m'en aperçoive et s'est frottée à ma jambe. Existe-t-il une signification à ce geste ? Par ma part, j'ai pris cette affection comme une bénédiction, une protection venant de cet animal sacré.

Après avoir visité le temple de Shiva, Paneesh nous a emmenées boire un jus de canne à sucre au citron, c'est vraiment délicieux. Seulement... une bande de petits singes attendait « patiemment » sur le mur donnant en face du stand. L'un d'eux, un jeune, a soudainement repéré le verre que je tenais, je l'ai alors vu commencer à courir le long du mur dans ma direction ! Juste avant qu'il n'atteigne le sol, j'ai posé mon verre le plus rapidement possible, le singe est arrivé à peine deux secondes plus tard et a fini mon succulent jus de canne à sucre... J'aurais franchement préféré ne pas devoir partager !

Nous avons ensuite emprunté l'immense escalier aux mille marches. Ces marches étaient impressionnantes de par leur taille, bordées d'arbres gigantesques. Soudain, Laurence nous a fait remarquer la présence d'araignées. Levant les yeux vers le ciel, j'ai alors découvert qu'un mur de toiles reliait les arbres des deux côtés de cet escalier géant, faisant apparaître de-ci de-là des dizaines d'araignées aux dimensions impressionnantes. Pourtant phobique, j'étais à cet instant plutôt fascinée par le spectacle à quelques mètres au-dessus de moi.

Un petit écureuil avec trois bandes sur le dos est également apparu au détour de la descente des 300 premières marches, quel bonheur de pouvoir côtoyer toutes ces vies en pleine nature.

Arrivées au pied des 300 marches, Paneesh nous a donné le choix : continuer de descendre les 700 autres marches, ou prendre un petit chemin le long de la route qui s'était éboulée pour rejoindre notre bus. Allons-y pour le petit chemin d'environ un kilomètre !

Mais, au passage le plus étroit, une dizaine de singes est apparue, nous bloquant l'accès, ces petits primates avaient été attirés par l'odeur des petites bananes que Déborah avait gardées dans son sac. Un ouvrier du chantier de l'éboulement est venu à notre rescousse et a aidé Paneesh, qui n'en menait pas large non plus, à les repousser. Déborah leur ayant donné les bananes qu'elle avait stockées, les singes se sont tenus à peu près tranquilles, crachant quand même comme des chats sur deux des filles. Notre cortège est donc passé à travers cette haie d'honneur bien singulière. Je fermais ce défilé, ce qui n'était pas forcément la meilleure place. Je n'étais pas fière du tout, chaque singe pouvant nous attaquer à tout moment. J'ai marché lentement, bien droit, tenant fort mon sac contre moi pour qu'il ne fasse pas de grands mouvements, regardant attentivement où je mettais les pieds, jetant des coups d'œil furtifs vers les singes, tout en évitant de les regarder directement pour ne pas qu'ils se sentent menacés. J'avais malgré tout l'envie irrépressible de les observer. Les singes sont restés assis, placides, avec une telle aisance. Notre ego est vite remis à sa place dans de telles situations. J'étais vraiment soulagée lorsque cette traversée insolite fut terminée.

*

L'après-midi fut consacré à la visite du Palais de Mysore, évidemment splendide, fastueux, avec des portes en bois de rose incrustées d'ivoire représentant des fresques d'une finesse incroyable, des portes sculptées, des miroirs, des vitraux, du marbre, des salles de réunions grandioses. A l'entrée, se dressent deux têtes d'éléphants empaillées, symboles d'un autre temps. Elles sont malgré tout très impressionnantes.

A l'issue de la visite du palais, Paneesh nous a réservé une surprise avant de nous dire au-revoir : une séance de henné pour celles qui le souhaitaient, j'étais bien sûr parmi les volontaires. Nous sommes allées dans l'appartement d'un couple charmant et leur fils. Etant la première à me faire ce tatouage éphémère, j'ai laissé la femme me dessiner ce qu'elle désirait à l'intérieur de la main, elle a alors créé une petite merveille ! Dormant les poings fermés, le henné s'est bien oxydé les jours suivants m'offrant un marquage foncé qui a duré au-delà du voyage, j'ai pu garder ce souvenir visible encore presque deux semaines après mon retour en France.

*

Trois jours après notre arrivée dans l'ashram de Mysore, il fallait à présent quitter ce lieu si plaisant, si reposant.

Les adieux furent très émouvants, nous avions préparé une feuille de remerciements pour ces personnes si accueillantes. Nous avons pris le temps de prendre des photos avec elles, ensuite vinrent les larmes d'adieux. Françaises, indiennes, nous pleurions en nous embrassant, nous enlaçant, les chuchotements « come back » « this is your house here » faisaient chaud au cœur. Le seul homme présent s'est tenu à l'écart, très respectueux des règles, j'espérais que mes « namasté » et mes « thank you » lui permettent de recevoir d'une autre manière le plus profond respect que j'avais envers lui.

Wayanad

Plantations de thés, Wayanad

Une semaine exactement après avoir atterri en Inde, nous nous dirigions vers le Kerala.

Nous avons traversé l' « International Wildlife Sanctuary » où nous avons pu voir plusieurs troupeaux de chevreuils, des bisons, et nous avons scruté en vain les arbres espérant y apercevoir des éléphants. Nous avons également pu faire un arrêt aux abords de quelques habitations. Ce fut encore un moment magique, des enfants sortant de leurs habitations précaires venant à notre rencontre, avec leur grand-mère. Martine ayant apporté des flacons de bulles de savon, les proposa aux enfants. Mais la grand-mère en a décidé autrement, elle voulait absolument essayer et n'a pas laissé ses petits-enfants y toucher. Quand les bulles ont commencé à sortir, elle s'est mise à rire telle une enfant, c'était très émouvant de la voir s'amuser autant.

Nous ne parlions pas son dialecte, mais le langage du regard fait passer des émotions tellement fortes. De ses yeux pétillants émanaient une telle assurance, une sérénité, une innocence, une bienveillance. J'étais tellement reconnaissante de croiser cette personne, qu'elle nous fasse l'honneur de nous consacrer quelques instants de sa vie.

*

Ayant laissé notre guide francophone Paneesh, nous avons fait la connaissance de notre nouveau guide Sabu, guide anglophone cette fois-ci. Sabu est une personne drôle, d'une très grande gentillesse, mais avec un regard tellement triste et inquiet… Je ne sais pas ce qui pouvait le préoccuper, Sabu est resté très professionnel tout le temps imparti avec nous, je sais seulement que la vie en Inde est loin d'être facile, le tourisme a été mis à mal et ne commençait que récemment à repartir frêlement.

Sabu nous a emmenées visiter un village tribal, d'où il est issu. Ce village se situe au cœur des rizières et est à la limite de la jungle. Les rizières sont protégées par des fils électriques contre la venue des éléphants la nuit, essayant de venir manger le riz dont ils sont friands. De petites cabanes construites en hauteur permettent également aux habitants d'effectuer des surveillances nocturnes et prévenir les autres d'une éventuelle intrusion. Le lendemain matin, sur la même petite route, des grosses bouses nous indiquaient que les éléphants y étaient passés dans la nuit.

Notre hôtel se situait à tout juste un kilomètre, au cœur de la jungle. Se réveiller dans cet environnement était encore une fois une chance inouïe. Nous étions entourées de végétation luxuriante, troublée seulement par les bruits de la faune environnante. Cette agitation permanente est très plaisante, elle accentue cet état d'esprit d'harmonie et de paisibilité que j'ai pu ressentir durant tout mon voyage.

Après notre sadhana quotidienne et le petit-déjeuner à l'hôtel, Sabu nous a emmenées faire une promenade dans la jungle. Là, se trouvaient quelques habitations, impossible à déceler dans cette végétation dense.

Ayant apporté des bonbons au cas où nous croiserions quelques enfants, j'en offris à mes co-voyageuses et à Sabu. Celui-ci a trouvé ces « french candies » (bonbons français) excellents, je lui en ai donc donné d'autres. Sabu a alors plaisanté, disant en anglais : « Sandrine a trouvé le moyen de faire taire le guide, lui faire manger des bonbons ! ».

Nous nous sommes ensuite enfoncés un peu plus dans la jungle et avons pu voir la vie rurale et ses conditions précaires, avec notamment une cuisine typique accolée à une habitation, composée uniquement d'un petit foyer à même le sol, entouré de bâches, d'où émanait une chaleur étouffante.

Dans la jungle, nous avons également pu voir des traces laissées par un éléphant sur un tronc d'arbre dont l'écorce avait été arrachée, des griffures de tigre sur le sol, et encore des bouses d'éléphants. Les arbres étaient si denses, d'une telle diversité, et atteignaient des hauteurs vertigineuses.

Nous nous baladions depuis un petit moment lorsque nous nous sommes aperçues que Sabu et le villageois qui nous accompagnait avaient accéléré le pas. Les filles se trouvant à l'arrière ont alors demandé à ralentir, la réponse de Sabu fut assez brève et surprenante : « the tiger is here, 3 or 5 kilometers, he knows we are here » (le tigre est ici, 3 ou 5 kilomètres, il sait que nous sommes là).

Ok !! Ne traînons pas alors !! Nous avons alors vite rebroussé chemin vers les premières habitations !

De retour à notre hôtel, il a fallu préparer notre départ. Nous nous sommes dirigées vers un petit musée tribal, avons mangé un Thali[12] sur une feuille de bananier, c'était la première fois depuis mon arrivée à Paris que j'arrivais à manger le plat intégralement. Après cette restauration, nous sommes allées arpenter les plantations de thé.

---

[12] Plat traditionnel de l'Inde composé de riz, lentilles, légumes, de chapati, de chutney. Il peut être végétarien ou non, et est servi sur une feuille de bananier en Inde du Sud, ou dans un thali (grand plateau indien en inox) en Inde du Nord. C'est un plat complet, sain et très copieux.

Aux abords de la jungle et à travers les plantations de thé, Sabu a pu nous apporter toutes ses connaissances sur les différentes plantes médicinales, les épices si nombreuses, un véritable trésor ayurvédique.

*

Alors que nous nous promenions le long des plantations de thé, nous sommes passées devant une maison où une famille s'était réunie pour la visite dominicale.

Nous voyant, le chef de famille nous a invitées à entrer chez lui. Nous nous sommes déchaussées et avons pu entrer dans leur salon, les femmes venant nous servir un thé avec une part d'un excellent gâteau, quelle hospitalité, quel sens de l'accueil ! Etant très timide, cette situation inattendue me gênait, faire partie de l'intimité des gens de cette façon alors qu'il me faut du temps pour aborder des inconnus… Ce fut une leçon supplémentaire, accepter la situation, sans mettre des barrières inutiles, prendre ce que l'on m'offrait, l'accepter sans me sentir redevable.

Ces gens étaient fiers de nous recevoir chez eux, c'était apparemment un honneur pour eux. Ce fut également un honneur pour moi d'être accueillie de la sorte, j'en garde un souvenir tellement fort.

*

Nous avons quitté Sabu en soirée (je lui ai laissé une bonne poignée de bonbons pour ses filles) et avons repris la route, traversant la montagne, avec des vues inimaginables, vertigineuses, donnant sur des kilomètres au loin, mais aussi en contrebas. Tout était grandiose, démultiplié.

Cette traversée fut un peu plus longue que prévu car nous étions dans un bouchon, un bus étant tombé en panne plus bas, laissant les passagers obligés de continuer leur chemin à pied. En bord de route, quelques groupes de petits singes étaient là, arrêtés sur le parapet, nous regardant passer.

Calicut
(Kozhikode)

Plage en face de l'hôtel, Calicut

Avec le retard, nous avons roulé plus que prévu dans l'obscurité du soir. Nous avons traversé des villes, très éclairées de rose, vert, jaune, rouge. La vie ne s'arrête jamais en Inde, la foule est omniprésente. Partager ces tranches de vie était pour moi un vrai plaisir. Biju notre chauffeur, a eu du mal à trouver son chemin, cela nous a permis de pouvoir découvrir d'autres quartiers.

Pour arriver jusqu'au prochain hôtel, Biju a emprunté la mauvaise route, nous aurions apparemment dû passer par une voie en meilleur état. Aucun souci, Biju a réussi à faire rouler notre mini bus sur une route à moitié détruite, en bord de mer, sur laquelle nous pouvions à peine nous engager à certains endroits, étant obligés de rouler dans les crevasses qui étaient autrefois la voie de circulation. Notre super chauffeur a conduit alors d'une extrême douceur, nous avons à peine senti les trous énormes de la chaussée.

*

Comme d'habitude, nous fûmes accueillies à l'hôtel avec un excellent jus de fruit.

Ma chambre se situait au rez-de-chaussée, la porte arrière donnant sur une terrasse avec jardin. Au bout de ce jardin, comme nous étions arrivées la nuit tombée, seuls les bruits des vagues et quelques motos étaient perceptibles.

Dès le réveil, après m'être habillée pour la sadhana, je me suis précipitée dehors pour découvrir le spectacle : la mer était effectivement toute proche, notre hôtel n'étant séparé d'elle que par cette petite route toute défoncée par laquelle nous étions arrivées la veille. J'ai alors réalisé que j'étais devant l'océan indien, sur la côte de Malabar, j'en avais tellement rêvé !

*

Malheureusement, ce si bel endroit eut un goût amer, un goût d'inachevé, de déception pour moi.

Nous avions quartier libre jusqu'aux environs de 11h00, soit environ seulement une heure à une heure et demi de balade, je me suis dit qu'une belle promenade sur la plage allait être bien sympathique, je suis donc allée mettre mes pieds dans l'eau, Caroline, Corinne et Chantal m'accompagnant alors. J'ai regardé un pêcheur lancer son filet, plonger pour le récupérer, c'était un spectacle charmant, avec quelques indiens passant par là.

Peu de temps après, le reste du groupe est arrivé, nous l'avons rejoint et sommes restées là, plantées, assises sur le petit muret, attendant que le temps passe. Les filles se sont alors mises à improviser quelques pas de danse Bollywood. Anaïs, sur ce, est arrivée, et les a fimées. Le peu de temps libre qui nous restait est alors devenu un show de préparation de chorégraphie…

Je me suis sentie à nouveau en total décalage, j'étais loin d'imaginer vivre ce genre de moment, je pensais réellement pouvoir participer aux activités prévues dans le programme, comme des soins ayurvédiques, la visite de villages, les soirées musicales, l'immersion dans la vie indienne en somme. Au lieu de cela, nous nous posions fréquemment pour des temps morts, avec mises en scène de postures de yoga devant les temples, mudras pour prendre les photos, être fimées… J'ai toujours eu du mal avec les ambiances girly, et notre groupe n'étant composé que de neuf personnes, je n'y ai pas trouvé de véritable compagne de voyage avec la même vision que moi, à savoir profiter du pays, aller à la rencontre des habitants, découvrir le plus possible leur mode de vie, partir à la découverte de lieux magnifiques.

Je n'avais pas apporté le programme du voyage avec moi et n'y avais pas accès via mon portable, je me souvenais vaguement des activités possibles proposées, je restais alors souvent en attente d'informations. J'aurais aimé connaître les adresses éventuelles de soins ayurvédiques, savoir où se trouvait le village par rapport à notre hôtel à Calicut, était-il vraiment proche de cette plage, aurions-nous eu le temps de nous y rendre ?

J'étais là, regardant les filles rire, dans cet endroit somptueux mais qui les laissait apparemment complètement indifférentes. J'aurais voulu pouvoir me balader avec l'une d'elles sur la plage, mais le groupe présent s'est consacré à cette ébauche de danse filmée. Je me suis sentie à nouveau seule, prenant sur moi pour ne pas m'éloigner de mes co-voyageuses. Je me suis alors retournée vers la mer et ai profité de cette vue, essayant de m'en imprégner, en faisant fi des autres.

Nous étions arrivées la veille au soir, tard, nous repartions avant midi… Il était difficile de pouvoir aller se promener plus loin que l'amorce de cette plage sans informations supplémentaires. J'ai malgré tout ramené un super souvenir de ce lieu, un petit flacon de sable et un magnifique coquillage.

*

Nous avons donc repris la route dans notre mini bus, traversant des rues arborées de belles maisons colorées, avec une terre ocre. Ce quartier donnait l'impression d'être paisible, un peu privilégié, sans être pour autant riche, un juste équilibre, pas toujours présent en Inde.

Nous nous sommes ensuite dirigées… vers la gare ! Le voyage pour notre prochaine étape allait donc se faire en train, ce fut une belle surprise de découvrir que nous allions emprunter ce genre de transport en commun.

Nous allions vers une destination qui fut un véritable coup de cœur pour moi…

Fort Kochi

Coucher de soleil lors de notre arrivée à Fort Kochi

Nous sommes arrivées à la gare, laissant notre chauffeur continuer la route seul avec son mini bus, il en avait pour six heures, le pauvre. En lui disant au revoir, je lui ai aussi dit : « Take care » (Faites attention), les routes indiennes pouvant être compliquées, le trajet étant bien long.

Dans la gare, Nathalie n'était pas à l'aise avec les odeurs, trouvant que « ça puait ». Personnellement, j'ai trouvé que les odeurs étaient tout à fait supportables, moi qui ai pourtant l'habitude d'être vite dérangée. Je m'attendais vraiment subir des odeurs très nauséabondes en venant en Inde, mais le Sud est très propre, du moins dans les quartiers où nous nous sommes rendues. Nous pouvions bien sûr trouver des amas de détritus en ville, mais beaucoup moins que ce que j'avais imaginé. De même, je m'étais préparée à découvrir des familles dormir à même le sol dans les rues, je n'en ai pas vues, seulement des enfants faisant leurs siestes, tant dans une allée de magasin, tant sur une couverture dehors, dans les villages tribaux, à côté de leurs mères.

Nous avons attendu notre train, en dégustant les sandwichs prévus pour nous par l'hôtel, repas très léger, même pour moi qui ne mangeais pourtant pas beaucoup.

Le train était confortable, avec de larges fauteuils moelleux. Voir défiler la campagne indienne, avec quelques maisons par-ci par-là, effleurer la vie quotidienne indienne me ravissait réellement. Certains passagers du train me souriaient lorsque nos regards se croisaient, nous n'entamions pas de conversation, mais j'avais l'impression de partager quelques moments volés, privilégiés.

Lorsque le train a ralenti, annonçant l'arrivée proche de notre arrêt, nous nous sommes levées, et dirigées vers la porte de sortie. Nous avons attendu debout, croyant que nous allions patienter seulement quelques minutes. Les passagers indiens n'ont pas bougé, nous étions les seules debout, nous les françaises. Et pour cause, au bout de plus de vingt minutes, nous continuions de rouler à très faible allure ! Nous avons donc décidé de nous rasseoir, traversant le wagon en sens inverse, rigolant, les indiens nous souriant également, nous étions de vraies novices dans la vie indienne !

A notre sortie, direction les rickshaws[13] ! Trois rickshaws ont été réservés pour notre petit groupe, roulant à vire allure, enfin le plus vite qu'ils le pouvaient, slalomant dans la circulation dense des

---

[13] Véhicule tricycle tiré par une bicyclette ou un scooter destiné au transport de personnes ou de marchandises.

rues, klaxonnant, se faufilant, arrivant à traverser les carrefours tout en agilité sans respect des priorités, non existantes d'ailleurs, la combine consistant à se coller derrière un autre véhicule et forcer le passage, tous acceptant cette « règle ». De temps en temps, notre rickshaw rattrapait celui de devant, le doublait, se refaisait doubler, nous nous serions crues dans une partie de Mario Kart !

Nos rickshaws nous ont ensuite déposées devant un bâtiment. Je me demandais bien où nous pouvions aller, c'est alors qu'il était prévu de prendre le bateau pour rejoindre Fort Kochi.

Ces trois moyens de transport nous plongeant au cœur de l'Inde fut un vrai régal, je partageais une tranche de vie avec les indiens, me mêlant à eux en toute simplicité, faisant partie de leur quotidien.

Alors que nous étions tous installés dans le bateau, un autre navire est arrivé, se collant au nôtre. La foule s'est alors levée d'un seul coup, nous avons suivi le mouvement, pour prendre vite place dans le second transport flottant. Ce mouvement de foule, si brusque, mais si tranquille à la fois m'a amusé, il était tellement différent du comportement de chez nous. Il n'y eut aucune plainte, il fallait juste se presser pour gagner l'autre embarcation, tout le monde a obéi pour ensuite se poser très sagement dans un calme exemplaire.

Pendant la traversée, j'ai discuté avec un jeune étudiant. Ces petites bribes de discussions soudaines, imprévues, ont réellement apporté un sentiment de bien-être durant tout mon voyage. Echanger, partager gentiment quelques mots en anglais, avec un accent pas toujours facile à comprendre, avec les gens qui répétaient patiemment pour que je puisse les comprendre, était tout simplement divin. Tous les liens que j'ai pu tisser durant ces deux semaines, qu'ils soient brefs ou plus longs furent pour moi un véritable enrichissement. Les gens venaient à moi, nous discutions paisiblement, curieusement, j'étais très à l'aise avec eux, ces moments furent de véritables petits bonheurs pour moi.

Notre voyage jusqu'à Fort Kochi n'était pas encore terminé, après avoir débarqué, nous avons par la suite marché à peu près un kilomètre jusqu'à notre nouvel hôtel. Nous avons alors pu croiser d'anciennes demeures coloniales, des petits magasins, des vendeurs de rue.

Etant presque arrivées, l'odeur de poisson a commencé à être plus forte. C'est alors que l'Inde nous a offert encore une fois un spectacle à couper le souffle : un magnifique coucher de soleil avec en fond de décor, les fameux filets de pêche chinois, immenses, baignés de couleurs violettes, roses soutenus, mauves, roses pâles, un véritable dégradé poétique, époustouflant, grandiose !

*

Notre hôtel, installé sur le site d'un phare du XVIIème siècle, était splendide. La décoration, le personnel, tout était fait pour apprécier ce havre de paix. L'hôtel était entouré d'arbres plus majestueux les uns que les autres, les bruits de rue me parvenaient sans toutefois me gêner, au contraire, je me sentais si à l'aise, comme protégée par un bruit de fond me berçant, avec le chant des klaxons et des véhicules à peine étouffés. J'ai vraiment été touchée par le charme de ce lieu historique, ce fut LE coup de cœur, avec une sensation nouvelle, comme si je connaissais déjà cet endroit, je me sentais « chez moi ».

Le repas du soir fut également excellent, avec une proposition d'une multitude de plats traditionnels indiens, avec chutneys, riz divers, crudités, chapatis[14], desserts sucrés, jus de fruits au choix,

---

[14] Galette de pain non levée (sans levain ou levure) traditionnellement faite de farine de blé complet.

un vrai régal malgré mon appétit qui restait toujours assez réduit.

*

Le matin, nous faisions notre sadhana sous les immenses préaux pourvus de ventilateurs tout aussi vastes. J'ai adoré ces premiers instants de journées, pratiquant à côté du jardin de l'hôtel, entendant les bruits de la rue. Je ne sais toujours pas pourquoi cette ville m'a autant plu, pourquoi je me suis sentie si à l'aise immédiatement. Je ne croyais pas en la réincarnation, mais la sensation de déjà connaître cet endroit m'a vraiment ébranlée…

*

Pour la visite de la ville, nous avons fait la connaissance de Clyde, notre nouveau guide francophone. Nous avons alors pu voir l'église Saint-François où l'emplacement de la tombe de Vasco de Gama est encore présent. Nous avons également pu voir l'ancienne maison de ce grand explorateur.

Nous avons par la suite retrouvé notre cher chauffeur Biju, qui avait pu rejoindre sa famille après une semaine passée avec nous, étant natif de Kochi.

Clyde nous a ensuite fait visiter la synagogue, avec son carrelage si charmant, en carreaux chinois de porcelaine, peints à la main. Déambuler dans les rues était vraiment agréable, on y sentait la douceur de vivre, une certaine nonchalance, une quiétude réconfortante.

Un autre lieu fort de cette ville fut d'aller rendre visite aux Dhobi Wallah, travaillant dans la « laverie indienne », où ils sont chargés de laver, sécher, repasser le linge des restaurants, des hôtels ou des particuliers. On y a découvert des sortes de grands hangars ouverts avec d'un côté le coin séchage, et de l'autre côté, le coin repassage. Le lavage se fait à l'arrière dans des sortes de boxes, réservés par familles travaillant dans ce lieu. A l'extérieur, on a pu également y voir les grands draps étendus dans l'herbe, ou sur les fils à linge à perte de vue, séchant rapidement avec la chaleur ambiante, il fait toujours chaud à Kochi, avec une moyenne annuelle de 27,5°C. Nous avons à nouveau partagé une tranche de vie quotidienne, ces travailleurs étant fiers de nous montrer leur dur labeur, ce fut encore une fois un moment que j'ai sincèrement savouré.

Nous trouvant dans le quartier de Mattancherry de Kochi, j'en ai profité pour dénicher quelques vêtements, notamment des fameuses jupes longues telles que je porte depuis mon adolescence. Clyde, étant super gentil, m'attendait au bout de la rue, le groupe étant déjà parti rejoindre le restaurant.

*

Nous avions ensuite quartier libre tout l'après-midi, mais ne souhaitant pas continuer le shopping, ma valise étant déjà bien chargée, j'ai préféré rentrer vers l'hôtel avec Patricia, Déborah et Martine. Prendre un rickshaw à quatre alors que c'est prévu pour trois fut une belle et épique expérience ! Le conducteur nous a d'abord amenées jusqu'à la station-service, et ensuite nous avons pu partir à l'aventure, Déborah sur les genoux de Martine, la tête quasiment dans la bâche de séparation de l'habitacle ! Voulant me tenir pour éviter d'être éjectée à chaque virage, j'ai mis la main sur cette fameuse bâche…. toute noire de poussière ! Nous étions secouées de droite à gauche, de haut en bas, zigzaguant, collant les autres véhicules, roulant à vive allure, ça nous a bien fait rire ! C'était un vrai moment de détente et de lâcher prise avec les filles.

Les filles souhaitaient bénéficier d'un massage ayurvédique, je n'étais personnellement pas dans l'optique d'avoir un massage à 19h00, à la va-vite, j'ai préféré aller me promener aux abords de l'hôtel, Martine m'accompagnant avant son rendez-vous. Je souhaitais m'imprégner de l'ambiance de ce quartier si charmant, avec cette douceur de vivre. J'avais aussi en tête de trouver un petit rickshaw en jouet comme cadeau pour Carl chez un des petits vendeurs de rue. Le jouet fut trouvé immédiatement, j'ai continué de virevolter d'un stand à l'autre, trouvant un dernier petit objet à ramener en France, une petite suspension toute mignonne, se finissant avec un petit éléphant et sa mère. Toute ravie de ces derniers achats, je suis revenue me détendre auprès de la piscine de l'hôtel, seule.

Alors que je commençais à lire installée sur un transat, les chatons de l'hôtel sont venus me voir, réclamant des caresses. C'est alors qu'un autre petit chat, que je n'avais encore jamais vu, est apparu, un peu plus farouche que les autres. Il était plus petit que ses frères et sœurs. Comme je le caressais, il s'est installé sur moi, en patouillant, puis s'est endormi. Nous avons passé une bonne heure ensemble, les autres chats étant repartis vadrouiller. Savourant ce moment de quiétude, j'imaginais pouvoir rester quelques jours supplémentaires dans ce quartier si agréable.

Les autres filles du groupe revenant, le petit chat est parti se cacher, puis est réapparu un petit quart d'heure plus tard, se dirigeant directement vers moi, montant sur le transat et s'installant confortablement sur mes genoux pour dormir à nouveau. J'étais tellement heureuse que cette petite créature ait décidé de me faire confiance, il m'a offert un bon moment de complice réconfort.

*

Le lendemain matin était le jour du départ de Kochi… J'aurais tellement aimé en profiter davantage, continuer et prendre le temps de m'imprégner de cette vie indienne, mais il fallait suivre le programme.

La préparation des bagages fut un vrai casse-tête : l'hôtel ayant un pèse-bagages, nous en avons profité pour répartir le poids de nos affaires afin de pouvoir prendre un vol interne deux jours plus tard. Pour revenir en France, nous pouvions avoir une valise de maximum 23 kilos, or, pour le vol interne, la valise ne devait pas dépasser les 15 kilos, avec possibilité d'avoir un bagage à main de maximum 7 kilos. J'ai fait une multitude d'allers-retours entre le pèse-bagages mis à notre disposition dans le hall de la réception et ma chambre. Heureusement, ma chambre se situait juste derrière la réception, et le gentil réceptionniste m'a à chaque fois aidé pour porter ma valise beaucoup trop lourde, ça l'a d'ailleurs bien amusé de me voir ne pas m'en sortir de la sorte ! N'arrivant pas à trouver l'équilibre des bagages, j'ai pris la décision de laisser 17 kilos dans la valise, tant pis si je devais payer un supplément.

Quitter Fort Kochi a été compliqué émotionnellement, je me sentais tellement apaisée dans ce vieux quartier. Mais nous avions encore une étape à effectuer avant la fin de notre voyage.

Alleppey (Alappuzha)

Houseboats dans les backwaters, Alleppey

Notre petit bus s'est alors dirigé vers Alleppey, lieu emblématique des Backwaters[15], ces canaux traversés par ces embarcations spécifiques qui transportaient des marchandises et des denrées telles que le riz auparavant. Les houseboats[16] sont maintenant réservés au tourisme pour voguer tranquillement au gré des méandres des canaux. On peut également y faire une croisière, celui qui nous était réservé avait de magnifiques chambres.

*

La balade à bord du bateau s'est déroulée sur la journée. Nous y avons mangé le déjeuner dans la salle à manger immense à l'arrière du bateau. Nous voguions doucement, sans bruit autre que celui des clapotis de l'eau, ou le croisement des autres embarcations, allant de la simple petite barque, au

---

[15] Canaux et lacs navigables de différentes tailles. On peut y découvrir des paysages étonnants, où l'eau, la terre et le ciel se confondent.

[16] Aussi appelés kettuvallam, ce sont des péniches avec des couvertures de toit de chaumes sur des coques en bois, largement utilisées dans le Kérala.

moyen ou gros navire comme le nôtre. Quelques habitations isolées se dévoilaient par-ci par-là, avec l'apparition soudaine d'autochtones, nous leur volions alors un peu de leur intimité sans pour autant les déranger.

Dans l'après-midi, notre houseboat s'est arrêté, nous permettant de monter dans une petite barque afin de pouvoir nous rendre dans les plus petits canaux, et ainsi découvrir les petits hameaux. Des enfants, des jeunes filles et garçons, des hommes, des vieillards nous regardaient passer, des femmes faisaient la vaisselle ou la lessive à même l'eau des canaux. Certains nous saluaient, d'autres nous renvoyaient des sourires timides, ou au contraire, de larges sourires lorsque nous leur criions avec enthousiasme : « Hi ! » (Bonjour).

De retour dans le houseboat, nous avons repris notre balade paisible. Le personnel est venu nous apporter un excellent chaï avec des bananes frites en guise de goûter. Ces petites douceurs très sucrées étaient excellentes.

*

La lumière du jour commençant à décliner tranquillement, les autres embarcations ont commencé à toutes se diriger vers notre gauche, rentrant aux points d'ancrage. Nous étions seuls à continuer tout droit. Le temps s'écoulait calmement, nous avons aperçu au loin des cocotiers, nous nous en sommes de plus en plus approchés pour finalement réaliser que nous nous dirigions par voie navigable vers notre nouvel hôtel. Nous avons accosté telles des « Princess of India », nos bagages nous attendant déjà à la réception, Biju les ayant déposés le matin, juste après que nous ayions embarqué à bord du houseboat.

La chambre était immense, avec une partie bureau entre la salle de bain et la chambre, entre le lit et la baie vitrée se trouvait un salon assez spacieux. A l'extérieur, une terrasse privée donnait sur le petit lac intérieur où il était possible de faire du pédalo. Sur ce lac, une avancée était en forme de tête de requin ou de poisson selon notre imagination, dans laquelle nous pouvions y trouver un babyfoot. Nous avons pu y faire quelques parties avant le repas du soir, tout en riant avec quelques-unes des filles du groupe, des geckos nous accompagnant, positionnés sur le plafond et les murs.

Après le repas, nous nous sommes regroupées dans une des chambres pour y jouer quelques parties de

« Loup Garou » à neuf, Chantal préférant aller se coucher. Ce fut une vraie partie de franche rigolade !

*

Au petit-déjeuner le lendemain matin, j'ai discuté avec un homme qui venait d'Oman, un pays que je ne connaissais même pas. Ces rencontres fortuites sont curieuses et mystérieuses, nous sommes à l'autre bout du monde, discutant de tout et de rien avec des personnes que nous ne recroiserons jamais, et ces rencontres nous apportent malgré tout une ouverture d'esprit et une plus grande tolérance. J'apprécie ces échanges brefs, je les ai appréciés en Inde, je les apprécie également en France, lorsqu'on échange quelques mots, tout en bienveillance avec un(e) inconnu(e).

Pendant notre temps libre ce matin-là, j'en ai profité pour me reposer et prendre soin de moi avec une douche plus longue qu'à l'accoutumée. Le changement de lieux si différents depuis une semaine avait été assez épuisant, nous ne nous posions pas réellement mais enchaînions plutôt les différentes étapes.

*

J'ai pu profiter une dernière fois d'une pause seule au bord de la piscine, Anaïs me rejoignant par la suite. Je savourais le paysage des backwaters, essayant de tout mémoriser, les détails des arbres, le décor de cet hôtel, les bruits environnants. J'avais bien conscience que le voyage tirait à sa fin, j'aurais souhaité retourner à Kochi, y rester… Nous y sommes retournées l'après-midi même, mais seulement dans son aéroport.

*

L'heure du départ était arrivée, nous retrouvions pour la dernière fois notre génial chauffeur Biju, qui m'a fait une surprise incroyable lorsque je lui ai dit « Hello», il m'a répondu, tout fier de lui : « common ça va ? » en rigolant aussitôt après. J'ai été très touchée par cet effort de parler français, juste pour faire plaisir ! Toutes ces personnes formidables croisées tout au long de ce voyage m'ont remplies le cœur en m'apportant tant de bienveillance, de chaleur humaine en seulement quinze jours.

*

Une dernière rencontre inattendue s'est produite pendant la route vers l'aéroport. J'avais pour ma part gardé l'argent nécessaire pour payer Biju, certaines de mes co-voyageuses ayant tout dépensé, ont demandé à s'arrêter à un distributeur. Pendant leurs transactions, je suis restée dans le bus. De l'autre côté de la rue se trouvait un petit magasin avec les portes ouvertes. Tout à coup, j'ai aperçu la tête d'une jeune indienne, la vendeuse, se penchant timidement pour regarder notre drôle de bus. Lui faisant un signe de la main à travers la fenêtre, elle m'a répondu tout d'abord discrètement, puis a osé venir devant la porte ouverte. Nous avons alors échangé de larges sourires, avec de plus grands signes de mains. Là encore, aucun son, aucune parole, ce n'était d'ailleurs pas possible, la route nous séparait, mais surtout pas nécessaire, nos sourires en disaient beaucoup plus.

Lorsque les filles sont remontées dans le bus et que nous étions prêtes à partir, la jeune femme indienne est réapparue, me faisant cette fois d'immenses signes de la main, de chaleureux au-revoir ! J'ai bien sûr fait de même, en savourant cet instant magique. Cette femme s'est elle aussi gravée dans mon cœur, la phrase de Rachna pendant le stage de yoga à l'ashram « I belong to you » reprenait là encore tout son sens, Rachna nous ayant expliqué que chaque personne rencontrée laisse un petit bout d'elle-même au plus profond de nous. Je commençais à comprendre cette phrase au contact de tous ces indiens avec qui j'avais échangé, j'en avais été incapable au contact des autres françaises durant tout le voyage. Deux filles ont fait exception, Déborah et Caroline, leur approche ressemblant plus à la philosophie indienne qui est de donner sans rien attendre en retour, en faisant toujours preuve de bienveillance.

Aéroport de Kochi

Pêche à Fort Kochi

Nous étions donc arrivées à l'aéroport de Kochi... Il fallait non seulement dire au-revoir à Biju, j'en ai profité pour lui donner les derniers « french candies » que j'avais gardés pour ses enfants, mais aussi dire au-revoir à Anaïs...

Anaïs est restée derrière la vitre tout le temps que nous faisions l'enregistrement des bagages, nous étions huit, Déborah ayant décidé de rester un peu plus longtemps en Inde, nous l'avions laissée en cours de route, la voyant disparaître dans un rickshaw.

Ayant enregistré ma valise la première, je regardais régulièrement l'extérieur de l'aéroport, voyant Anaïs, collée à la vitre, faisant de grands signes, telle la vendeuse indienne. J'ai toujours eu l'impression que ce n'était qu'un au-revoir passager. Vais-je la revoir un jour ?

*

Le passage de la sécurité de l'aéroport m'a donné une belle frayeur. Devant répartir mes bagages pour ne pas dépasser le poids autorisé, j'avais glissé ma trousse de toilette assez lourde dans mon sac à dos. Ma valise enregistrée sans problème malgré le surpoids, j'ai soudain réalisé que j'avais gardé mon shampooing avec moi ! C'était sûr, le flacon faisant plus de 100 ml, il allait finir à la poubelle… Tant pis, j'ai risqué le tout pour le tout et l'ai laissé dans mon sac.

Mon sac passe donc le scanner, la femme de la sécurité me dit un mot en anglais que je ne comprends pas, je pense que c'est fichu pour mon shampooing, la femme répète « coins ». Des pièces ? Je ne réalise pas tout de suite, j'ai bien de l'argent sur moi, mais ce sont des roupies, des billets. Soudain, je réalise que mes euros sont là, dans le sac à dos ! Décidément, j'avais aussi oublié ce détail. La femme voit que je comprends, je lui montre alors ma monnaie française, elle me dit « ok », mon argent passe la sécurité.

Mon sac repasse encore le scanner, nouvel arrêt… La femme me demande d'ouvrir ma trousse de toilette, voilà, c'est mon shampooing… Elle en sort mon coupe ongles !! Ah mais quelle cruche ! Comment ai-je pu oublier ça ??? Elle le repose et sort… un rasoir !! Allez, je continue dans l'idiotie totale ! Elle le repose également, me demande ce qu'est mon produit écrit « clean », je lui explique que c'est pour nettoyer mes lunettes. Sa réponse est fantastique, elle me dit « ok » en dodelinant de la tête !! Elle me laisse tout reprendre, je la remercie avec des « thank you », des « namasté », elle me sourit, je peux partir ! Je vois malgré tout qu'elle note mon nom et mon numéro de siège, me voilà fichée au cas où il y a un problème dans l'avion…

Jusqu'au bout, les indiens sont d'une bienveillance avec moi, c'est tellement touchant, tellement extraordinaire, je l'ai réellement vécu comme une véritable bénédiction.

*

Dans l'avion de Kochi vers Bangalore, nous avons été à nouveau chouchoutées, une hôtesse venant nous apporter, à nous les françaises seulement, une boisson et des petits gâteaux, des cookies emballés dans une belle boîte, une dernière petite attention de la part d'Anaïs lors de la réservation de nos billets.

Le vol fut rapide, seulement une heure, nous sommes arrivées vers notre destination finale, dernier lieu pour fouler le sol indien, ce même lieu que le premier jour.

Aéroport de Bangalore

Old ashram, Bangalore

A peine arrivées à l'aéroport, nous nous sommes dirigées vers la zone d'attente. L'attente n'a pas été trop longue avant de pouvoir enregistrer nos bagages et passer la sécurité, j'avais pris bien soin de remettre ma trousse de toilette dans ma valise, la sécurité n'allait certainement pas être aussi clémente qu'à Kochi !

Notre vol était prévu à peu près quatre heures plus tard, décollage prévu à 01h20, en pleine nuit, alors que j'avais l'habitude de me coucher au plus tard à 23h00 dorénavant. J'ai fait quelques boutiques, mais je n'ai pas eu envie de retirer de l'argent supplémentaire, les boutiques des aéroports étant beaucoup plus chères et les produits plus communs.

Les filles voulaient manger, il était plus de 22h30, les restaurants que l'on avait croisés n'étaient franchement pas extraordinaires. Heureusement, la majorité des filles voulait manger autre chose que les plats basiques épicés. J'ai alors proposé de manger des pâtes, un restaurant se situant juste devant nous, se présentait comme restaurant italien.

Le plat de pâtes était immense mais très bon. Caroline s'inquiétait en me voyant manger seulement la moitié, je ne comprenais surtout pas comment faisaient les autres pour manger autant.

Nous avons embarqué à l'heure. Ma place se trouvait au milieu de la rangée centrale, il m'était impossible de m'installer correctement tellement c'était exigu. Air France a eu également la mauvaise idée de laisser la climatisation à fond toute la durée du vol, nous étions tous gelés, tout du moins dans cette partie économique de l'avion.

La nuit fut très courte niveau sommeil, mais interminable niveau temps de vol, les dix heures m'ont paru être une éternité. J'étais trop fatiguée pour regarder un film, il faisait trop froid pour pouvoir dormir tranquillement, et dormir assise, sans pouvoir bouger fut très rude, moi qui tourne et vire sans cesse dans le lit. Je commençais à tousser de plus en plus, comme les autres passagers. Je n'ai pas compris la décision de laisser la climatisation aussi forte, surtout en pleine nuit. De plus, le personnel n'était pas aussi aimable qu'à l'aller, pas de doute, nous rentrions en France !

Retour

Petit autel d'offrandes, ashram de Bangalore

Le lendemain matin, j'étais aphone après cette nuit mouvementée. Le vol de retour a duré 10h20, comme c'est long en vol de nuit.

L'arrivée à l'aéroport Roissy Charles de Gaulle fut un véritable choc. Avant mon départ, on m'avait prévenue que l'arrivée en Inde était un choc avec cette culture différente, les odeurs, la pauvreté, les castes, etc… Mais pour moi, ce fut le contraire, le choc fut en rentrant en France : les gens étaient de mauvaise humeur, mornes, éteints, ronchons, se bousculaient pour passer à tout prix. Les sourires et l'insouciance de l'Inde avaient bel et bien disparu…

Le passage de la douane nous a confronté à un personnel sur les nerfs, très peu aimable, nous pressant alors que les portiques bloquaient, bienvenue en France !

Patricia étant restée à Bangalore, notre petit groupe de sept allait se séparer ici, à l'aéroport, au même endroit où nous avions fait connaissance deux semaines auparavant. Nous nous sommes dit au-revoir au fur et à mesure, prenant nos trains respectifs pour retrouver nos « chez-nous ». L'attente de plus de deux heures pour mon train s'est faite dans les courants d'air de l'aéroport, sous un temps gris et humide avec seulement

11°C, météo typique de Paris. Décidément, le retour était morose.

*

J'étais heureuse de pouvoir enfin m'installer confortablement dans le TVG. Vu le manque de sommeil et les conditions de vol de la nuit précédente, je n'ai pas vu grand-chose du trajet, sombrant régulièrement dans un sommeil profond. Le rhume à cause de la climatisation de l'avion a commencé à s'aggraver.

Comme au départ, j'avais une correspondance à Nantes pour arriver à Saint-Nazaire, mon mari avait posé son après-midi pour pouvoir venir me chercher. J'étais contente de rentrer enfin, ce voyage de retour ayant été long et éprouvant, durant plus de 24 heures entre le départ de Kochi jusqu'à l'arrivée finale à 15h35, sans compter le décalage horaire de 3h30.

La première chose que j'ai faite en arrivant chez moi fut de prendre un bain très chaud, pour me réchauffer. J'ai tout de suite commencé à être nostalgique de ce beau pays que je venais de voir pour la première fois de ma vie, j'avais attendu tellement longtemps pour pouvoir réaliser ce rêve, je me suis immédiatement rendue compte de l'impact de ce voyage sur moi.

J'essayais déjà d'imaginer le prochain éventuel séjour, avec les villes que je voulais revoir, les nouveaux lieux à découvrir, la durée du voyage, les commodités, surtout pas en groupe ou alors un groupe plus important afin de s'y mêler plus facilement.

Et après ?

Vishalakshi Mantap avec les rizières en premier plan, Bangalore

Mon rhume avec une grosse sinusite due au vol du retour a duré presque deux semaines avec prise d'antibiotiques, mais ne m'a pas empêché de garder la bonne humeur et l'insouciance qui m'avaient envahie dès l'arrivée dans le petit ashram de Mysore.

Je souriais aux gens, leur disant de grands « bonjour », j'étais légère, avec une réelle confiance en moi. Les gens me regardaient, au premier abord surpris, puis me répondaient à leur tour en souriant. Je réalisais l'importance de la transmission de la bienveillance et de la gaieté, si l'on veut que les personnes soient aimables et souriantes, à nous de l'être au départ. Bien sûr, en France, c'est plus compliqué, le travail est énorme car certains y sont même réfractaires, mais peu importe, je continue avec cet état d'esprit.

*

Pendant le voyage, il m'est arrivé d'être quelques fois déçue car le programme annonçait par exemple des soins ayurvédiques possibles, avec une introduction préalable à l'ayurveda, ou encore des soirées musicales, que nous n'avons pas pu faire. J'aurais également aimé pouvoir voir le Palais de Mysore le soir, tout illuminé.

Faire partie d'un groupe oblige certaines contraintes, est-ce pour cela que nous n'avons pas pu tout faire ce qu'il était prévu ? Peut-être pour certaines activités effectivement, mais avec le recul, j'ai plus réalisé que l'Inde c'était également cela, ne pas pouvoir suivre intégralement un programme pré-établi, l'accepter, et se dire que si ça n'a pas eu lieu, c'était tout simplement que ça ne devait pas se faire.

*

Depuis cinq mois maintenant que je suis revenue, les bienfaits de ce voyage continuent, un peu plus chaque jour, silencieusement, me faisant avancer différemment.

J'ose m'affirmer davantage, j'ai très rarement des craintes sur mes choix, je sais ce que je veux, et mets tout en œuvre pour l'obtenir. Je connais mes priorités, je continue à prendre soin des autres, mais je ne m'oublie plus. Les combats que je menais auparavant, qui m'épuisaient, surtout au niveau professionnel, ont cessé, prendre conscience de cet épuisement inutile fut une des premières conséquences positives. Nous ne pouvons pas tout révolutionner à nous seuls, je continue de dire haut et fort mes convictions mais d'une manière plus sûre, en sachant lâcher prise quand le combat n'apporte rien ou est stérile. Les autres ont beaucoup moins d'emprise sur moi, la libération que j'attendais depuis mon adolescence est enfin arrivée, grandissant jour après jour.

*

La petite fille timide que j'étais restera toujours en moi, j'ai cependant appris à dompter les barrières infligées pendant mon enfance. J'assume enfin qui je suis et n'ai plus peur de mal faire, ou déplaire.

Une semaine avant de partir en Inde, je me suis inscrite à un club de sport, n'ayant pourtant jamais pratiqué de sport de ma vie, à part le yoga. En revenant en France, je craignais de trouver un grand vide, que la vie redevienne morose au quotidien, de retomber dans la même routine. Ce jour-là, j'ai eu une excellente intuition. Je fais maintenant 5 heures de sport par semaine, mon corps commence à se transformer, suivant mon esprit déjà bien apaisé.

Je souhaite à tout le monde de pouvoir vivre ce genre d'expérience, l'Inde change vraiment les gens. Comme j'ai beaucoup entendu dire avant de partir, « On ne revient pas indemne de l'Inde », « Lorsqu'on a goûté à sa poussière, on n'a qu'une envie, y revenir », « On ne va pas en Inde par hasard ».

Je continue le Sudarshan Kryia, je l'ai même transmis à l'une de mes filles, cette méthode lui procurant une réelle détente à elle aussi. Mes angoisses et mon stress n'existent plus. Le programme de yoga dans le premier ashram s'appelait quand même le « Happiness Program », il tient parole.

Je continue à communiquer avec quelques filles du groupe, très peu en fait, j'ai plus gardé contact avec l'une des filles, Caroline étant particulièrement bienveillante et humble. Cela fait du bien de côtoyer ce genre de personnes.

Les personnes négatives, aigries, méprisantes s'éloignent d'elles-mêmes, ou alors je n'en tiens plus cas, c'est également une révolution pour moi, l'avis de ce genre de personnes ne me blesse plus, je connais réellement mes valeurs et mes capacités dorénavant.

Maintenant, je ne rêve que d'une chose, pouvoir repartir un jour en Inde, j'y suis arrivée une fois, alors je sais que le jour viendra où je pourrais y retourner.

I miss you, Incredible India…

Recette de chaï

Ingrédients :

- 1 cuil. à thé de thé noir Assam
- graines de 3 gousses de cardamome concassées
- 1/2 cuil. à café de gingembre frais ou en poudre
- 1 bâton de cannelle
- 1 tour de moulin de poivre noir
- 2 clous de girofle
- 25 cl d'eau
- 25 cl de lait frais entier
- sucre, quantité selon votre goût (le chai est normalement très sucré)

Faire chauffer l'eau et les épices jusqu'à ébullition. Laisser infuser à feu vif pendant 5 minutes. Rajouter le lait et le thé, laisser encore infuser à feu vif pendant 5 minutes.
Filtrer le thé et les épices.

Votre chaï est prêt, buvez le bien chaud !!

Sommaire

Introduction………………………….	p. 11
Mon enfance…………………………	p. 13
Ma vie de femme………………….....	p. 25
L'arrivée du yoga dans ma vie…….....	p. 31
Décision………………………………	p. 37
LE voyage……………………………	p. 45
Départ………………………………..	p. 51
Vie à l'ashram………………………..	p. 61
Mysore…………………………….....	p. 83
Wayanad……………………………..	p. 101
Calicut (Kozhikode)……………….....	p. 109
Fort Kochi……………………………	p. 117
Alleppey (Alappuzha)………………..	p. 131
Aéroport de Kochi…………………...	p. 141
Aéroport de Bangalore…………….....	p. 147
Retour………………………………..	p. 151
Et après ?…………………………….	p. 157
Recette de chaï………………………..	p. 165